KAMPENWAND
VERLAG

Sophie Geibert

Die herrlich unperfekte Mutter

Dein Weg zu mentaler Gelassenheit

Von Stress und Überforderung
zum entspannten Familienalltag

ISBN: 978-3947738854

Raiffeisenstr. 4 · D-83377 Vachendorf
www.kampenwand-verlag.de

Versand & Vertrieb durch Nova MD GmbH
www.novamd.de · bestellung@novamd.de · +49 (0) 861 166 17 27

Text: Sophie Geibert
Lektorat: Tina Müller
Satzarbeit: Stefanie Böger
Bilder: Shutterstock/ OneLineStock.com
Druck: FINIDR, s.r.o. · Lípová 1965 · 737 01 Český Těšín · Česká republikalen

Inhalt

Kapitel 8

Einleitung

Feierabend! Endlich Beine hochlegen und Kopf ausschalten. Klingt klasse, ist für die meisten Mütter jedoch eher ein schlechter Witz als die Realität. Feierabend als Mama? Den gibt es nicht – schon gar nicht in deinem Kopf.

Lass mich dir eine Frage stellen: Woran denkst du gerade? Bist du zu 100 % in das Lesen dieses Buches vertieft? Oder brauen sich in deinem Hinterkopf bereits jetzt dumpfe Gedanken zusammen, die dich immer wieder vom Text abschweifen lassen? Muss ein Arzttermin für dein Kind vereinbart werden und wenn ja, wie lässt sich das mit den Schulzeiten koordinieren? Außerdem hast du entdeckt, dass das Lieblingssalatdressing deines Partners seit gestern leer ist. Das darf fürs Grillen am nächsten Tag auf keinen Fall fehlen, also muss dringend ein neues her und dieses wird bereits zu deiner geistigen Einkaufsliste hinzugefügt. Wo wir schon beim Grillen sind: Hast du daran gedacht, genug fleischfreie Optionen für eure gemeinsame vegetarische Freundin zu besorgen? Ihr kennt sie schließlich noch nicht so lange und es wäre echt total unangenehm, wenn sie beim Grillabend nicht richtig satt wird. Und oh, die Spülmaschine könnte auch bald fertig sein – du hast sie ja schon vor über einer Stunde eingeräumt und angestellt.

Wenn dir diese oder ähnliche Gedankenabläufe fast unheimlich bekannt vorkommen, leidest du möglicherweise unter dem sogenannten Mental Load. Das altbekannte Immer-an-alles-denken-Müssen, was dich morgens schon beim Aufwachen unsanft begrüßt, oft noch bis spät in die Nacht hinein begleitet und dir unter Umständen sogar den Schlaf raubt, den du dringend bräuchtest.

Und seien wir einmal ehrlich – dieser endlose Gedankenkreisel ist enorm energieraubend. Denn auch wenn diese Gedanken ganz nebenher zu existieren scheinen, sind sie immer da. Immer. Manchmal sind es bloß Gedankenfetzen, nach denen du noch deine geistige Hand ausstrecken musst, um genau diese Fetzen nicht wieder zu vergessen. Oft sind es aber auch langwierige Gedankenketten, die scheinbar kein solches Ende finden. Ein Gedanke löst wie bei einem endlosen Domino immer einen weiteren aus und du versinkst in deiner gedanklichen Planung. Denn wer kümmert sich denn sonst um alles und sieht zu, dass die Wohnung in Schuss ist, der nächste Elternabend geplant wird und die Mutter der besten Freundin der Cousine zweiten Grades deines Mannes ein passendes Geburtstagsgeschenk bekommt, wenn du es nicht tust? Zugegeben, das letzte Beispiel mag ein wenig überspitzt sein, jedoch kommt es dir sicherlich manchmal wirklich so vor, als müsstest du konstant alles im Blick haben und planen. Und zwar nur du alleine.

»Du hättest mir doch nur sagen müssen, dass ich den Müll rausbringen soll, dann hätte ich es auch getan«. Was sich im ersten Augenblick nach einem hilfsbereiten Partner anhört, der seine Frau auf Händen trägt und ihr alles abnimmt, was sie sich wünscht, hat in der Realität oft nichts mit wirklicher Hilfsbereitschaft zu tun. Auf die Idee, selbst etwas zu bewerkstelligen oder dir aus eigenem Interesse heraus etwas abzunehmen, scheint dein Partner nicht zu kommen. Er erledigt seinen Teil nur dann, wenn er darauf hingewiesen wird. Aber ist es wirklich sein Teil, wenn du ihn extra darauf aufmerksam machen musst? Die Denkarbeit und den damit verbundenen Stress hast in diesem Fall immer noch du alleine. Und genau das ist der Knackpunkt.

Im Alltagsflow kann es darüber hinaus leicht so wirken, als sei es praktischer, anstehende Tätigkeiten auf die Schnelle selbst zu erledigen und zu planen, auch wenn diese gar nicht zu deinen persönlichen Aufgaben gehören. Den Brief zum Beispiel, den dein Partner nach der Arbeit abschicken wollte, bringst du auf dem Weg zum Einkaufen also noch schnell zur Post. So viel Zeit nimmt diese Miniaufgabe ja auch nicht in Anspruch, oder? Falsch. Denn die scheinbaren Kleinigkeiten häufen sich schneller als gedacht an und beginnen dann damit, deinen Tagesablauf maßgeblich zu beeinflussen. Ein weiterer unangenehmer Nebeneffekt des Eben-schnell-selber-Machens: Menschen gewöhnen sich leider unheimlich schnell an Bequemlichkeit. Und wenn dein Liebster merkt, dass er immer alles von dir abgenommen bekommt und er sich auf die faule Haut legen kann, wird er höchstwahrscheinlich keinen zweiten Gedanken daran verschwenden, seinen Kram doch lieber selbst zu erledigen. Du machst es ja, ohne zu meckern, also kann es für dich doch auch nicht so schlimm sein. Aber warum musst ausgerechnet du das alles übernehmen? Prinzipiell musst du schon mal gar nichts. Du denkst nur, zu müssen.

Zu einem Punkt zu kommen, an dem du und dein Partner sich auch ohne ständiges Erinnern ihrer Pflichten bewusst sind, kann allerdings zu einer echten Mammutaufgabe werden. Wie sollst du deinem Partner schließlich etwas begreiflich machen, was sich bisher für ihn im Verborgenen abgespielt hat? Und das am besten so, dass es sich nicht wie eine Endloskette an Vorwürfen anhört und letzten Endes im Streit eskaliert? Da hätte unterm Strich niemand was von und deinem Seelenfrieden würde dieses Szenario ebenfalls nicht zugutekommen.

Die gute Nachricht ist, dass es mit den richtigen Techniken und Tipps wunderbar möglich ist, diesem eingefahrenen Alltagstrott ein für alle Mal zu entkommen und deinen Mental Load im wahrsten Sinne des Wortes zu entladen. Wie genau du das anstellst, erfährst du in den nachfolgenden Kapiteln. Du lernst, dein mentales Chaos besser zu verstehen, und bekommst zusätzlich konkrete Lösungsansätze auf dem Silbertablett serviert.

Ich möchte dir mit diesem Buch helfen, deine Last im Alltag zu reduzieren und dich selbst besser kennenzulernen. Zu Beginn werde ich dich dafür an die Grundlagen von Mental Load heranführen und dir eine sichere Basis für das Verständnis dieser Theorie liefern. Du erhältst unter anderem Antworten auf die Fragen: »Was ist Mental Load überhaupt?« und »Woher stammt dieser Begriff?«

Das nächste Kapitel beschäftigt sich mit den gesundheitlichen Folgen von Mental Load. Hier erfährst du, was diese konstante mentale Belastung eigentlich mit dir, deiner Psyche und deiner Lebensqualität macht. Anschließend werden auch die Auslöser von Mental Load genau unter die Lupe genommen. Dahinter steckt nämlich deutlich mehr, als bloß eine anstrengende Woche oder ein überquellender Wäschekorb.

In den nachfolgenden Kapiteln des Buches findest du viele praktische Tipps, Hinweise und Beispiele, die dir dabei helfen werden, deinen mentalen Stress spielend leicht zu reduzieren und mehr Zeit mit deiner Familie zu genießen. Du lernst unglaublich viele Herangehensweisen und Hilfestellungen kennen, die dir endlich Erleichterung verschaffen werden – und das dauerhaft.

In Kapitel 7 erfährst du, welche unerwarteten Herausforderungen auf deinem Weg lauern und wie du diese problemlos bewältigen kannst. Außerdem wird anschaulich beschrieben, wie du auf eine vernünftige Art und Weise mit deinem Partner kommunizieren kannst, ohne dass es dabei zu Missverständnissen und Streit kommt.

Am Ende des Buches findest du schließlich noch einige Anregungen und Ideen, wie es dir gelingen kann, mehr Entspannung in dein Leben zu bringen.

Danach kannst du wieder durchatmen – und hast endlich Feierabend im Kopf.

Viel Erfolg auf deinem Weg zu mentaler Gelassenheit und einem glücklichen Familienleben!

KAPITEL 1

Was ist Mental Load?

Es ist 7:23 Uhr morgens. Die Eieruhr piept, das Kind hat den Toast samt Aufschnitt über den gesamten Küchenboden verteilt, und weil es draußen regnet und du diese blöde Regenjacke nach hektischer Suche immer noch nicht finden konntest, kommt ihr wahrscheinlich zu spät zum Kindergarten. Immerhin schaffst du es noch, deinen Chef darüber in Kenntnis zu setzen, dass es auch bei dir wohl etwas später wird. Musst du eigentlich nach der Arbeit noch einkaufen? Dein Partner hatte doch gestern erwähnt, dass etwas fehlt. Aber was war das noch gleich? Du gießt geistesabwesend die hart gekochten Eier ab, aber in deinem Kopf geht die Tagesplanung weiter. Und nicht nur für diesen Tag, sondern für die ganze Woche. Denn am Mittwoch war ja dieser eine Geburtstag – wofür du aktuell weder das Geschenk noch die Idee dazu hast.

Wenn dir ununterbrochen To-dos durch den Kopf geistern, dann leidest du höchstwahrscheinlich auch unter der unsichtbaren Last »Mental Load«. Der Begriff Mental Load lässt sich im übertragenen Sinne mit »die Last des Dran-Denkens« übersetzen. Damit ist der Stress gemeint, der dabei entsteht, wenn du konstant immer etwas im Kopf hast. Eine mentale Auslastung, die daher kommt, dass du neben dem Haushalt und der Kindeserziehung auch Ansprechpartner für das Wohlbefinden aller Familienmitglieder inklusive Haustiere bist. Eine unsichtbare Arbeit, die dir massenweise Energie raubt – weil dein Kopf zu jeder Zeit rattert, organisiert und sich die verschiedensten Dinge merken muss.

Und jetzt rate mal, welche Personengruppe besonders vom Mental Load betroffen ist? Richtig, wir Mütter. Kein Wunder, denn Mamasein ist zwar der schönste, aber sicherlich auch der anstrengendste Job der Welt. Man sagt auch, Mutter sein ist ein Vollzeitjob. Pah! Mutter sein ist eher wie zweieinhalb Vollzeitjobs. Das bestätigt auch eine Studie des amerikanischen Unternehmens Welch's. Im Rahmen dieser Studie wurden 2.000 amerikanische Mütter mit Kindern zwischen 5 und 12 Jahren befragt – und die Ergebnisse bestätigen das, was alle Mamas sowieso schon wussten. Denn Entspannung ist im Mutti-Alltag Fehlanzeige.

Unser Arbeitstag beginnt im Durchschnitt bereits um 6:23 Uhr morgens und endet erst 14 Stunden und 8 Minuten später, um 20:31 Uhr am Abend. Das entspricht einer wahnsinnigen 98-Stunden-Woche und macht den Job Mama zu ganzen 2,5 Vollzeitstellen[1]. In dieser Zeit erledigen wir To-do-Listen, schlichten Streits, falten Wäsche, saugen die ganze Wohnung und planen so ziemlich alles, was es eben zu planen gibt. Wir Mamas sind immer einsatzbereit. Pusten den Schmerz weg, wenn unser Kind gefallen ist, verscheuchen die Monster unter seinem Bett und belegen grundsätzlich eine Nachtschicht, falls es mal wieder einen bösen Traum hatte. Nebenher koordinieren wir den gesamten Haushalt und den Familienalltag – und gehen Teilzeit arbeiten! Bei all dem Machen und Tun bleiben sage und schreibe 1 Stunde und 7 Minuten über, die wir nur für uns haben. Und das ist viel zu wenig. Da ist es dann auch nicht mehr wirklich eine Überraschung, wenn am Ende des Tages unsere Köpfe rauchen und wir uns am liebsten völlig erledigt mitten auf den Fliesen einrollen wollen, wie eine Katze.

Seit wann gibt es den Begriff und woher kommt er?

Bevor es richtig losgeht, machen wir zuerst einmal einen kleinen Exkurs in die Herkunft und den Hintergrund des Begriffes. Denn woher kommt er konkret? Den Begriff an sich gibt es schon ein wenig länger – genau genommen schwirrt dieser seit den 1970er-Jahren durch die Gegend und wurde damals ebenfalls verwendet, um geistige Belastungserscheinungen zu beschreiben. Früher wurde der Fokus dabei allerdings weniger auf Frauen und mehr auf unterschiedliche Berufsgruppen gelegt. Mit Mental Load meinte man also beide Geschlechter gleichermaßen.

Das hat sich vor ein paar Jahren geändert, als eine französische Zeichnerin namens Emma einen Comic mit genau diesem Begriff als Titel veröffentlichte.

Emma beschränkte sich in ihrem Werk jedoch nicht auf die Stressbelastungen in unterschiedlichen Berufen, sondern ausschließlich auf die mentale Belastung der Frau, die von einer ungleichen Rollenverteilung in der Beziehung herrührt. Dieses eine feministische Comic hat dem Begriff Mental Load eine ganz neue Bedeutung verpasst.

Doch Mental Load ist schon lange nicht mehr nur ein Thema der feministischen Bewegung. Genau wie das damals umstrittene Burnout wird der Begriff stetig geläufiger und von immer mehr Menschen verwendet.

Darüber hinaus weist die Mental Load Theory auch Parallelen zur sogenannten Cognitive Load Theory auf. Das klingt alles sehr wissenschaftlich und kompliziert, lässt sich zum Glück aber kurz und knackig erklären. Die Cognitive Load Theory beschreibt die kognitive Belastung beim Lernen. Diese Theorie geht davon aus, dass jeweils nur eine bestimmte Menge an Information im Gedächtnis gespeichert und bearbeitet werden kann. Ansonsten läuft man auch hier Gefahr, sich einer Überlastung des Verstandes (Cognitive Load) auszusetzen – ganz genauso wie beim Mental Load. So, jetzt aber genug von den Theorien und ran ans Eingemachte!

Der Burnout der Frauen

Burnout – dieses Wort dürfte dir sicher schon mal über den Weg gelaufen sein. Es beschreibt ein Ausgebrannt-

Sein, was vor nicht allzu langer Zeit noch als eine Art Modeerkrankung galt und gar nicht richtig ernst genommen wurde. Genauer gesagt ist es bis heute keine anerkannte Krankheit, sondern viel mehr ein Zustand, der das Bewältigen der alltäglichen Lebensaufgaben erheblich erschwert. Bei einem klassischen Burnout fühlst du dich abgekämpft, erschöpft und völlig energielos. Es kommt dir vor, als könnte auch das erholsamste Wochenende die Alltagsstrapazen nicht hinfort waschen. Die Last des Alltags und die damit zusammenhängenden Aufgaben erdrücken dich und hinterlassen nach einiger Zeit nur noch eine ausgelaugte Hülle deiner Selbst. Wer da nicht aufpasst und sofort die Reißleine zieht, kann durch die stetige Überlastung und Erschöpfung schnell in eine Depression rutschen. Wo man jetzt Schwarz von Weiß trennt, was noch Burnout und was schon Depression ist, ist kaum zu unterscheiden. Die Übergänge sind schwammig und fast unmöglich voneinander abzugrenzen. Nicht umsonst ist ein Burnout daher unter anderem als Erschöpfungsdepression bekannt. Es kommt schleichend wie eine Katze und genau auf diese Art und Weise verschlimmert es sich auch mit der Zeit.

Kommt dir das Gefühl der Überlastung bekannt vor, ohne dass du einen klar ersichtlichen Grund für deinen mentalen Zustand finden kannst? Du kannst dich auch mit dem entspanntesten Job der Welt fühlen, wie bei einem Burnout, doch sind die Gründe dafür weniger auffällig. Dieser Zustand der mentalen Erschöpfung ist der Mental Load und rührt von der

Überlastung der geistigen Denkarbeit her. Wenn immer an alles gedacht sein will und du die Einzige bist, die sich darum kümmert, ist es nur logisch, dass nach gewisser Zeit Erschöpfungserscheinungen auftreten und du gestresst bist.

Versteh mich bitte nicht falsch: Ein bisschen Stress ist okay und vor allem auch gesund für uns. Kurzzeitige Belastung lässt uns Dinge schaffen, die wir uns selbst nicht zugetraut hätten. Zu viel Stress über eine lange Dauer hingegen ist ungesund und kann deine Lebensqualität erheblich beeinflussen.

Stell es dir mal so vor: Wenn du eine kleine Wasserflasche mit gestrecktem Arm hochhebst, fühlt sie sich leicht an. Du musst keinerlei Anstrengung aufwenden, um sie anzuheben. Nun kommt es aber darauf an, wie lange du mit der Flasche in dieser Position bleibst. Nach fünf Minuten merkst du vielleicht bereits, wie es etwas in deinem Arm zieht. Spätestens nach 20 Minuten fängt dieser dann an zu zittern und gibt dir zu verstehen, dass er eigentlich nicht mehr kann. Wenn du das Wasser nun gegen die Signale deines Körpers weiterhin hochhältst, wird dein Arm schließlich taub und knickt letzten Endes ein.

Mental Load betrifft genau wie das klassische Burnout häufiger Frauen als Männer – jedoch noch viel ausgeprägter. So ausgeprägt, dass man beim Begriff Mental Load im allgemeinen Kontext sogar fast ausschließlich von Frauen spricht. Aber warum ist das so? Gerade in der heutigen Zeit, wo die Begriffe Feminismus und Gleichberechtigung großgeschrieben werden, ist es doch beinahe sexistisch, dass nur uns Frauen diese mentale Denkarbeit überlassen wird, oder? Ist Mental Load Frauensache?

Fakt ist, es ist ungerecht – oder zumindest fühlt es sich danach an. Jedoch ist es auch so, dass jede Familie in genau dieses Muster zu fallen scheint, und zwar spätestens dann, wenn das erste Kind geboren ist. Dass du dich mit deinem Partner sicherlich nicht abgesprochen hast, nach dem Motto »Mutti muss die Denkarbeit erledigen und Vati geht nur arbeiten« ist klar. Viel mehr rutscht man, ohne es zu merken, regelrecht in diese Rollenverteilung hinein. Und ehe du dich versiehst, übernimmst du als Mama jegliche Planungsarbeiten und gedanklichen Stress, während dein Lebensgefährte nach getaner Arbeit die Füße hochlegen kann.

Doch dass gerade wir Frauen diejenigen sind, die die denkende und planende Rolle, also das Management hinter dem gesamten Haushalt und Familienleben übernehmen, kommt nicht von ungefähr. Wir wurden so erzogen und sind so aufgewachsen. Und was bleibt uns noch anderes übrig als das, was wir unser ganzes Leben von unseren damals größten Vorbildern – unseren eigenen Eltern – vorgelebt bekommen haben, zu imitieren?

Denke einmal zurück. Wie bist du aufgewachsen? Wer ist arbeiten gegangen und wer hat im Haushalt nach dem Rechten gesehen? In den meisten Fällen ist es Mama gewesen die, während Papa Geld verdienen war, gekocht, eingekauft, geputzt und sich um alles gekümmert hat. Sie war die erste Ansprechpartnerin, wenn es darum ging, spezielle Gegenstände in der Wohnung wiederzufinden. Einmal gefragt, schon bekam man eine gezielte Antwort samt unfehlbarer Wegbeschreibung à la »in der grauen Vitrine im Flur, unterste Schublade, aber vielleicht musst du noch das alte Bügeleisen aus dem Weg räumen«. Dabei war es egal, ob es sich um das Lieblingspuzzle, den Regenschirm oder das Nähkästchen handelte. Mama wusste alles. Sie war auch diejenige, die für dich und Papa alle Termine abgesprochen hat und euch stets rechtzeitig an diese erinnerte, sodass ihr euch darüber keinen Kopf machen musstest. Das Geburtstagsgeschenk für Oma war jedes Jahr zur rechten Zeit besorgt und passend zu Vatis Feierabend brauchte die Karte bloß noch von beiden unterschrieben werden: Damit es so aussieht, als wäre das Geschenk – und vor allem die Denkarbeit, die dahintersteckt – von beiden. Bei deinem Partner wird die Rollenverteilung in seinem Elternhaus höchstwahrscheinlich ähnlich ausgesehen haben.

Angesichts der Tatsache, dass wir vom Kindesalter an diese Verteilung gewohnt sind, kommt es uns wie das Natürlichste der Welt vor, sie auch exakt auf diese Weise weiterzuführen. Das geschieht still und ohne Hintergedanken – es passiert einfach so. Du kannst also davon ausgehen, dass dein Partner es nicht einmal böse meint, wenn er dir all diese gedankliche Arbeit überlässt. Er kennt es bloß nicht anders. Und für ihn sieht es auch nicht nach harter Arbeit aus, sondern nach einem sauberen Haus, Essen im Kühlschrank und einem rundum versorgten Kind. Dass das alles nicht wie von Geisterhand passiert, scheinen einige Männer im Laufe ihrer Beziehung oder Ehe zu vergessen und nehmen all das schlussendlich als eine Selbstverständlichkeit hin. Vielleicht wissen sie sogar nicht einmal, wie viel Arbeit und Stress wirklich mit all dem verbunden ist. Wie auch, sie überlassen es ja meist ihren Partnerinnen.

Aus genau diesem Grund bleibt die Arbeit des Denkens, Organisierens und Planens an dir hängen. Und ob du es willst oder nicht, gründest du neben deinem normalen Job noch ein weiteres Unternehmen namens Familie. Dort bist du die einzige Angestellte und musst die Stellen als Reinigungskraft, Schlichterin, Telefonistin, Taxifahrerin und hauseigene Einkäuferin zeitgleich selbst belegen. Genau das führt irgendwann zum Mental Load und wird umgangssprachlich auch als Frauen-Burnout bezeichnet.

KAPITEL 2

Unsichtbare Schwerstarbeit

Der Kindergarten öffnet morgen wieder – ist die Matschhose überhaupt sauber? Muss ich die vielleicht noch schnell durchwaschen und trocknet die Hose dann überhaupt noch rechtzeitig? Apropos rechtzeitig – hoffentlich schaffe ich es morgen pünktlich aus dem Büro, wir sind ja noch zum Geburtstag eingeladen. Immerhin habe ich das Geschenk schon besorgt, aber ist es auch schon eingepackt? Und haben wir überhaupt noch passendes Geschenkpapier, oder nur noch das Weihnachtspapier? Ach Mist, Blumen wollte ich ja auch noch besorgen. Schaffe ich das morgen, nachdem ich den Kleinen zum Kindergarten gebracht habe?

Was sich nach einer unzusammenhängenden Aneinanderreihung von wirren Sätzen und Fragen anhört, ist für viele Mütter einer der Hauptbestandteile ihres Alltags: Gedankenketten. Du magst vielleicht nicht extra über all das nachdenken, aber dennoch tust du es. Auch, wenn sich der größte Teil davon in deinem Kopf abspielt. Na gut, zugegeben, es kann schon einmal vorkommen, dass du deshalb geistig nicht ganz im Hier und Jetzt bist. Du spinnst deine Gedankenkette immer weiter bis du vollständig darin zu versinken scheinst …

Das Gewicht der unsichtbaren To-do-Liste

Durch deine Gedankenketten baust du nach einiger Zeit eine Art nicht sichtbare To-do-Liste auf. Du weißt genau, was noch erledigt werden muss und vor allem bis wann. Ständig kommen neue To-dos hinzu, während andere geistig mit einem dicken Marker abgehakt werden können. Trotz all dem Abhaken und Erledigen scheint die Liste aber nicht zu schrumpfen, sodass du etwa mit klarem Kopf deinen Tag beenden könntest. Im Gegenteil: Dadurch, dass rund um die Uhr auch neue Aufgaben hinzukommen, wird es höchstens unübersichtlicher in deinem Kopf. Und man bedenke: Jede Aufgabe will auch erledigt werden und dafür musst du sie dir so lange merken, bis dieser Fall eintritt. Und dennoch beschleicht dich in einer ruhigen Minute immer das Gefühl, du könntest ja unter Umständen doch etwas vergessen haben. Vielleicht den Geburtstag einer Freundin, die du noch unbedingt anrufen musst. Oder die Pflanzen, die schon seit zwei Wochen durstig auf ihr wohlverdientes Wasser warten.

Um es auch für diejenigen (üblicherweise für die Partner) verständlicher zu machen, die sich nicht um alles kümmern müssen, habe ich hier ein kleines Beispiel zur Verdeutlichung. Jeder kennt sicher das Gefühl, wenn man in den Urlaub fährt und schon

Stunden vorher wie von der Biene gestochen durch die Wohnung läuft. Man hofft, noch irgendwas zu finden, was man sonst vergessen würde, aber unter keinen Umständen vergessen darf. Nach langem Hin und Her und Überlegen schließt man dann endlich seinen Koffer. So, jetzt habe ich aber wirklich an alles gedacht. Sonnencreme, Ladekabel, Zahnbürste, der neue Bikini. Sobald es ernst wird und man sein Haus verlässt, merkt man dann vielleicht schon die nagenden Zweifel, die sich langsam wieder ihren Weg in den Kopf bahnen. Habe ich denn auch wirklich an alles gedacht? Was ist, wenn mir einfällt, dass ich etwas Wichtiges vergessen habe und es dann schon zu spät ist und ich im Flieger sitze? Reisepass, Geld, eigentlich müsste ich alles haben, aber zur Sicherheit sehe ich noch einmal nach. Okay scheint alles da zu sein. Oder habe ich etwa vergessen, etwas auf meine Packliste zu schreiben?

Dieses Immer-an-alles-denken-müssen trägt ein enormes Gewicht. Und auch, wenn du dieses Gewicht nach außen hin gut stemmen kannst, heißt es nicht, dass es nicht schwer wiegt. Erst recht dann nicht, wenn du als Einzige dafür zuständig bist, dass wirklich an alles gedacht wird. Die Verantwortung liegt allein bei dir. Dadurch entsteht der sogenannte Load Aspekt, also die Belastung durch diese alleinige Haftung. Du bist bei euch zu Hause schließlich nicht nur für deinen eigenen Kram zuständig, nein, das wäre ja auch zu einfach. Du übernimmst die Verantwortung für einfach alles im Haushalt. Die Verantwortung, dass es stets sauber und der Kühlschrank mit allerlei Leckereien gefüllt ist. Die Verantwortung, dass das Kind bespaßt wird und für alle genug Essen auf dem Tisch steht. Die Verantwortung für alle planerischen Aktivitäten. Und zu allem Überfluss bist du auch noch diejenige, die dafür zur Rechenschaft gezogen wird, wenn der Haussegen dann doch einmal schief hängt oder mal etwas nicht klappt. Der Locher ist weg? Du musst ihn weggeräumt haben. Deine Schuld. Streit in der Familie? Warum kümmerst du dich denn nicht um dein Kind und deinen Partner und versuchst, die Angelegenheit zu schlichten?

Du tust und machst und gibst dein Bestes, aber es scheint nie gut genug zu sein. Dein Partner sieht nur das, was du nicht auf die Reihe bekommst. Weil sonst immer alles tipptopp ist. Dass du der Grund dafür bist, dass üblicherweise alles wie am Schnürchen läuft, scheint er dabei zu vergessen. Dieses andauernde Gefühl der fehlenden Anerkennung und der alleinigen Verantwortung ist auf Dauer nicht nur anstrengend und ätzend, sondern kann auch gesundheitliche Folgen mit sich ziehen.

Was macht Mental Load mit uns?

Die Folgen eines Mental Load sollten auf keinen Fall unterschätzt werden. Oft kämpfst du dich einfach irgendwie durch den Tag und beißt die Zähne zusammen. Nimmst Stunde für Stunde und an besonders stressigen Tagen eben Minute für Minute. Doch tief in dir merkst du, dass du dich ausgelaugt und erschöpft fühlst. Deine Energiereserven sind schon lange ausgezehrt und seitdem läufst du nur noch auf Sparflamme. Die Überlastung zieht sich über deinen gesamten Tag, aber trotzdem versuchst du, alles zu schaffen und durchzuziehen.

Bei mir war es so, dass ich zwar irgendwie wusste, dass ich energieloser bin als sonst, aber mich dennoch immer weiter durchgekämpft habe. Ich kämpfte mich durch die Geschirrberge in der Küche, die Kindergeburtstage der Freunde meines Kindes und durch so viele schlaflose Nächte, dass ich aufgehört habe, zu zählen. Das machen doch alle so, habe ich gedacht, das muss schon so seine Richtigkeit haben. Ich werde mich schon noch dran gewöhnen.

Hier ist Vorsicht geboten. Denn auch wenn Mental Load keine klassische Krankheit ist, für die es eine Diagnose geben kann, kann er – neben den ohnehin schon unschönen Begleiterscheinungen – schnell in offiziell anerkannte Erkrankungen übergehen. Und mit diesen ist nicht zu spaßen. Daher ist es spätestens bei den ersten Anzeichen eines Mental Load höchste Zeit, schnell die Handbremse zu ziehen und im Anschluss einen Gang herunterzuschalten. Dauerhaft. Denn das aktuelle Pensum ist schlichtweg für deinen Kopf nicht mehr zu bewältigen. Wie beim klassischen Burnout sind Pausen auch hier keine Lösung.

Psychische Folgen von Mental Load

Am nahe liegendsten sind natürlich die psychischen Folgen. Wer zu lange mit dem Ziehen der Handbremse wartet, fühlt sich jedoch nicht nur noch von Zeit zu Zeit erschöpft oder müde, sondern ständig. Die eigene Leistungsfähigkeit fängt an nachzulassen, man kann sich schlechter konzentrieren und ist vergesslicher als sonst. Ein ausgebranntes Gefühl zieht sich wie ein besonders dehnbares Kaugummi über das gesamte Leben und beeinträchtigt die Lebensqualität.

Auch kann es passieren, dass Dinge, die einem früher Spaß gemacht haben, schlichtweg ihren Reiz verlieren. Das Wahrnehmen der Personen im eigenen Umkreis und der ehemaligen Hobbys wird immer abgestumpfter, das Empfinden von Freude immer weniger. Es kommt einem vor, als würde plötzlich der Himmel über einem zusammenbrechen und auf einmal kann alles zu viel werden. Selbst kleine, vereinzelte Alltagsaufgaben stellen in diesem Zustand eine fast schon unüberwindbare Hürde dar. Das Bedürfnis, sich zurückzuziehen wird immer größer. Wer es nicht schafft, aus diesem Loch wieder aufzutauchen, könnte daher an einer ernst zu nehmenden Depression erkranken, die im Anschluss möglicherweise mithilfe von Medikamenten oder einem Psychiater behandelt werden muss.

Körperliche Folgen von Mental Load

Der Stress, der bei einem Mental Load entsteht, kann sehr lange anhalten. Diese Art von Stress ist so ungesund, dass er neben psychischen auch körperliche Folgen mit sich bringen kann. Chronische Müdigkeit macht sich breit, sodass man meinen müsste, wenigstens gut schlafen zu können. Leider ist das oft nicht der Fall und paradoxerweise geht diese Müdigkeit Hand in Hand mit möglichen Schlafstörungen.

Als wäre das noch nicht genug, ruft der Mental Load auch psychosomatische Probleme wie Rücken-, oder Kopfschmerzen, sowie Magen-Darm-Erkrankungen hervor. Wer so unter Stress steht, hat von vornherein schon ein anfälligeres Immunsystem. Denn auch dieses leidet unter dem erhöhten Cortisolspiegel, der keine Chance hat, sich zurückzubilden. Obendrein treibt dieser den Puls und Blutdruck ziemlich in die Höhe. Dass das eine erhöhte Belastung für das Herz-Kreislauf-System darstellt und auf Dauer zu ernsteren Problemen führen kann, braucht man gar nicht groß erwähnen.

Nicht selten leidet auch die Partnerschaft darunter. Und zwar dann, wenn man plötzlich keine Lust mehr auf seinen eigenen Partner hat. Mental Load führt durch das allgegenwärtige Taubheitsgefühl nämlich unter anderem zu Störungen der Libido – im Bett läuft da höchstens noch der obligatorische Gute-Nacht-Kuss.

Wie du siehst, ist Mental Load nicht nur eine reine Kopfsache. Sowohl dein Körper als auch dein Geist leiden gleichermaßen unter der kontinuierlichen Denkarbeit. Und selbst wenn der Denkprozess an sich für andere unsichtbar ist, werden es spätestens die körperlichen und psychischen Folgen nicht mehr sein. Genau deshalb solltest du gut darauf achten, dass es gar nicht erst so weit kommt und rechtzeitig der Nothebel gezogen wird. Leider überschätzen wir Menschen uns jedoch oft und wollen uns nicht eingestehen, dass wir keine Maschinen sind, die ohne Pause arbeiten können. Und dazu zählt nun mal auch die Gedankenarbeit.

KAPITEL 3

Ursachen von Mental Load

Mental Load entsteht nicht nur durch die äußeren Einflüsse, sondern maßgeblich in unseren Köpfen. Es ist der Druck, den wir uns selbst machen, um den Ansprüchen von unserem Umfeld und uns selbst gerecht zu werden. Das Gute daran ist: An der eigenen Einstellung kann man arbeiten. Sehr gut sogar. Sobald du verstanden hast, was diesen mentalen Druck überhaupt auslöst, kannst du gezielt dagegen vorgehen.

Gesellschaftlicher Druck und der Wettkampf mit anderen Müttern

Mamasein ist nicht einfach – erst recht nicht, mit diesem nie enden wollenden Wettkampf zwischen Müttern. Noch bevor das Kind überhaupt auf der Welt ist, wird schon darüber philosophiert, wessen Kind im Bauch schon strampelt und wer die wenigsten Schwangerschaftsstreifen hat. Als wäre das eine persönliche Leistung, die Lob und Anerkennung verdient. Mit der Geburt hört dieser Wettstreit dann aber nicht etwa auf. Nein, ganz im Gegenteil: Er fängt gerade erst an. Schließlich hat man jetzt als Mama jede Chance zu beweisen, was für eine Spitzen-Mutti man doch ist. Ganz wichtig dabei: Die anderen Mütter müssen davon Wind bekommen.

Nun geht es um die Wurst, beziehungsweise darum, wer die tollste Einrichtung fürs Kinderzimmer hat und wer welchen Kinderwagen fährt. Gebraucht? Geht gar nicht. Man denke nur an die potenziellen Keime, die da noch drin sein könnten. Je mehr Geld investiert wurde, umso sicherer kann man sich den erstaunten Blicken der anderen Mütter sein. Auch mit steigendem Alter des Kindes scheinen sich diese Vergleiche immer weiter zu intensivieren. Dann wird nämlich geguckt, wer die tollste und ausgefallenste Geburtstagsparty geplant hat und wer den besten Kuchen backt. Wer jetzt denkt, dass dieser Wettkampf irgendwann aufhört, hat falsch gedacht. Denn auch wenn das Kind schon längst ausgezogen ist, wird noch darüber geredet. Was studiert es? Oh, dein Sohn ist Arzt geworden? Klasse. Spätestens wenn das eigene Kind dann auch eine Familie gründet, geht alles wieder von vorne los. Wer ist die beste Oma?

Mamasein ist also quasi ein »Hochleistungssport«, der täglich unsere volle Konzentration und Energie erfordert. Doch ist es das wirklich wert?

Warum vergleichen wir uns überhaupt?

Soziale Vergleiche sind Teil unseres Wesens und tief in unserer Psyche verankert. Wer keine Mutter ist, vergleicht sich auf andere Weise. Wer hat den besten Job? Wohin geht es im nächsten Sommerurlaub? Was hat man für ausgefallene Hobbys?

Da man als Mutter oft zunächst nicht arbeiten geht und seine volle Aufmerksamkeit auf das Kind legt, ist es also nur normal, dass man seine Portion Selbstwertgefühl nun daher bezieht. Diese Vergleiche geschehen wie von selbst. Sogar, wenn man davon Abstand halten möchte, ertappt man sich immer wieder dabei, wie man sich dann doch vergleicht. Meist im scheinbar netten Gespräch mit anderen Müttern und einem gezwungenen Lächeln auf den Lippen. Eigentlich interessiert es dich nämlich gar nicht, ob die anderen Kinder aus der Krabbelgruppe schon zahnen. Du willst stattdessen viel lieber von der tollen Entwicklung deines Kindes berichten. Wenn auch unbewusst. Die Leistungen des Kindes werden auf sich selbst übertragen, als wäre es eine eigene Errungenschaft. Sogar Dinge, die man nicht beeinflussen kann, werden bewertet. So gilt ein Kind, welches von seiner Persönlichkeit ein wenig störrischer ist, als schlecht erzogen. Das wirft ein schlechtes Licht auf seine Mutter und ihre Erziehungsmethoden. Ein Kind, das hingegen von Natur aus etwas ruhiger ist, wird als besonders wohlerzogen empfunden – und seine Mutter dementsprechend gepriesen.

Viele Mütter sind sehr unsicher und steigern ihren Selbstwert nur dadurch, sich gegenüber anderen Mütter zu profilieren. Bei diesem Konkurrenzkampf triffst du auf die unterschiedlichsten Arten von Mamas. Von der Besserwisserin, die schon mindestens drei Kinder hat und sowieso alles besser weiß, bis hin zu der Leidenden, die es aus Prinzip immer von allen am schlimmsten und am anstrengendsten hat. Nicht zu vergessen ist auch die Übervorsichtige, die ihre Kleinen keine Sekunde aus den Augen lässt und fast jede Aktivität als extrem gefährlich einstuft. Am nervigsten ist und bleibt aber die Angeberin, die glaubt, dass ihr Kind das beste, tollste, klügste ist und praktisch keine Möglichkeit auslässt, um mit den außergewöhnlichen Fähigkeiten ihres »Wunderkindes« zu prahlen.

Um in diesen Gesprächen mithalten zu können, hetzen wir dann also mit unserem Sprössling von einem Kurs zum anderen: morgens steht das Babyschwimmen auf dem Programm und am Nachmittag darf die musikalische Früherziehung auf keinen Fall fehlen. Immer mit von der Partie: die anderen, vergleichenden Mütter. Kein Wunder also, dass unser psychischer Druck irgendwann einfach zu groß wird.

Sonderfall Influencer-Mami

Unter allen Müttern gibt es noch eine Spezies, die einen besonderen Platz in diesem Buch verdient hat: die Insta-Mom. Diese Mamas heizen dem Wettkampf unter Müttern noch mal besonders ein. Nur scheint keiner zu merken, dass es sich dabei nicht um die Realität handelt.

Anstatt sich mit Müttern aus dem Umfeld zu vergleichen, vergleicht man sich dann mit diesen perfekten Influencer-Muttis, was einem zwangsläufig ein schlechtes Gefühl gibt. Jeden Tag ist ihre Wohnung auf Hochglanz poliert, das Haar sitzt perfekt und das Outfit entspringt praktisch einem Hochglanzmagazin. Sie sieht nicht nur top aus und ist stets perfekt geschminkt, sondern zeigt auch keinerlei Anzeichen von Müdigkeit. Sogar die Schwangerschaftspfunde sind bei ihr wenige Wochen nach der Geburt bereits nichts mehr zu sehen. Dank Personal Trainer oder Bauchstraffung, versteht sich.

Leider laden Instagram und ähnliche Online-Plattformen gewissermaßen dazu ein, sich mit dieser verzerrten Realität zu vergleichen. Man sollte sich dabei allerdings immer vor Augen halten, dass die meisten der Bilder stark bearbeitet sind und das Familienleben von diesen Müttern höchstwahrscheinlich nicht annähernd so problemlos verläuft, wie es dargestellt wird. Klar, muss alles perfekt wirken, schließlich verdienen sie damit häufig ihr Geld. Was andere Mütter eigentlich inspirieren sollte, führt dann zu Frust. Schnell merkt man als Mama nämlich, dass das Mutter-Dasein überhaupt nicht so glamourös ist, wie es einem in den sozialen Medien suggeriert wird. Was mache ich falsch, dass es bei mir nicht so läuft? Die Antwort ist simpel: gar nichts.

Auf Instagram geht es darum, viele Likes zu bekommen. Die Realität wird beschönigt. Falls man das Ganze überhaupt noch als Realität bezeichnen kann. Die Sache ist, du weißt nicht was hinter den Kulissen passiert. Wie lange die ach-so-perfekte

Mama versucht hat, ihr Kind in die richtige Position zu bewegen, um ein vorzeigbares Foto zu bekommen. Es ist wichtig, zu verstehen, dass auch auf sozialen Plattformen das meiste nicht echt ist. Vergleiche es mit einem Mode-Magazin. Die Models, die sich dort mit ihren knackig gebräunten Körpern am Strand rekeln, um den neuen Bikini zu präsentieren, sind auch bearbeitet. Weder haben sie in echt einen Tag am Strand verbracht, noch ist ihr Körper in Wahrheit so glatt und straff. Und auch Insta-Mütter haben mit Sicherheit nicht das perfekte Leben, das sie uns so gerne vorgaukeln – egal wie viele Blumenkronen sie mit ihrem Kind basteln und wie viele Likes diese Fotos haben.

Eigentlich hat man es als Mama doch schon schwer genug, oder? Ich würde mir deshalb wünschen, dass es zwischen Mamas ein wenig mehr Zusammenhalt und etwas weniger Wettkampf gäbe. Leider wird dieser Wettkampf aber wohl auch in Zukunft bestehen bleiben. Man kann sich höchstens gedanklich davon distanzieren, indem man seinen Selbstwert nicht über das Mama-Dasein definiert.

Hohe Ansprüche an uns selbst und das eigene Kind

Neben den ständigen Vergleichen und dem Druck von außen, sind es aber vor allem unsere eigenen Ansprüche und Erwartungen, denen wir irgendwann nicht mehr gerecht werden können.

Unser größter Kritiker sind wir selbst

Wer als Mama, den Beruf mit dem Familienleben vereinbaren will, setzt sich ein sehr hohes Ziel. Oft ist es dann so, dass Mütter das Gefühl haben, weder im Job noch in der Familie genug zu leisten. Natürlich kannst du als berufstätige Mama nicht überall gleichzeitig sein – aber wahrscheinlich erwartest du genau das von dir.

Sobald du deinen eigenen Ansprüchen irgendwann nicht mehr nachkommen kannst, setzt schleichend das schlechte Gewissen ein. Das kann beispielsweise passieren, wenn du anstatt einen frischen Kuchen zu backen, eine Backmischung verwendest oder dann, wenn du den Haushalt mal ein paar Tage länger schleifen lässt, als gewohnt. Generell kann man sagen: Je höher die Ansprüche an dich selbst sind, umso schneller hast du auch ein schlechtes Gewissen. Und je schlechter das Gewissen, umso engagierter versuchst du, allen und dir selbst gerecht zu werden. Damit einher geht der Mental Load.

Für viele Mütter gehören solche Schuldgefühle beinahe schon zum Alltag. Vor allem dann, wenn der Kuchen nichts geworden ist und sonst auch nichts so klappt, wie man es sich ursprünglich vorgenommen hatte.

Von außen bekommt man dazu ganz oft das Gefühl vermittelt, man sei nur dann eine wirklich gute Mutter, wenn man sich voll und ganz für sein Kind aufopfert. Das ist der größte Unsinn, den ich jemals gehört habe. Natürlich ist es wichtig, dafür zu sorgen, dass das Kind immer alles hat, was es braucht. Nahrung, Wärme und Liebe gehören zu den drei wichtigsten Faktoren. Aber du musst mir glauben, dass sich dein Kind auch mal selbst bespaßen darf und kann. Es ist sonst nur eine Frage der Zeit, bis du an deine Grenzen stößt, wenn du rund um die Uhr die perfekte Hausfrau, samt Kinderbespaßerin und toller Ehefrau spielst. Selbst die Frauen, die das Mama-Dasein zu ihrer Berufung erkoren haben, halten das nicht ewig aus.

Ein Problem ist zudem, dass wir uns in erster Linie immer auf unsere Misserfolge konzentrieren. Das, was gut läuft, bekommen wir deshalb häufig gar nicht richtig mit und sind stattdessen schon im Voraus darüber besorgt, dass in naher Zukunft etwas schiefgehen könnte. Bei den anderen Müttern scheint immer alles reibungslos zu laufen, nur bei einem selbst hakt es irgendwie. Wir konzentrieren uns so sehr auf potenzielle Fehlentscheidungen, dass wir irgendwann gar nicht mehr wissen, was richtig und was falsch ist. Unser Vertrauen in unsere mütterlichen Fähigkeiten sinkt. Das ist auch keine Überraschung, wenn man sich vorstellt, wie viele Informationen über die vermeintlich perfekte Mama unser Gehirn täglich aufsaugt. Gut gemeinte Ratschläge von Familien und Freunden, die Expertentipps von irgendwelchen Internetseiten und nicht zuletzt die Meinungen der anderen Mütter. Da kann es schon mal schwer werden, der eigenen Intuition noch zu vertrauen – vor allem dann, wenn sie nicht den Empfehlungen unseres Umfeldes entspricht.

Ein schlechtes Gewissen ist ein guter Indikator, um zu sehen, woran man an sich selbst arbeiten sollte. Also überprüfe jedes Mal, wenn es sich in deinen Alltag schleicht, ob es auch seine Daseinsberechtigung hat. Wann treten die Gewissensbisse auf? Stammen sie von den eigenen Erwartungen oder den vermeintlichen Erwartungen deines Umfeldes? Sind deine Erwartungen gerechtfertigt oder beim genaueren Hinblick eigentlich total banal? Die Beantwortung dieser Fragen hilft dir, festzustellen, wann und warum du dich so fühlst. Das ist gleichzeitig auch der perfekte Augenblick, deine Ansprüche genau unter die Lupe zu nehmen und auszusortieren. Macht es dich wirklich zu einer weniger tollen Mama, wenn dieser eine Kuchen angebrannt ist oder du mal 5 Minuten zu spät kommst? Ich denke nicht.

Unrealistische Ansprüche an das eigene Kind

Der zweite Faktor, der Hand in Hand mit den Ansprüchen an uns selbst geht, sind die Ansprüche an unsere eigenen Kinder. Diese setzen nicht nur unseren Nachwuchs unnötig unter Druck, sondern auch uns selbst. Leider passiert es viel zu oft, dass wir unsere Weltanschauung auf unsere Kinder projizieren wollen. Dazu zählen neben den vermeintlich richtigen Wertvorstellungen auch Hobbys oder Berufe, die wir vielleicht selbst mal erlernen wollten. Solltest du dich bei solchen Ansprüchen an dein Kind ertappen, ist es wichtig, sofort gedanklich auf die Bremse zu treten. Auch, wenn dein Kind deine Gene hat, ist es immer noch eine eigene Persönlichkeit mit eigenen Werten, Interessen und Bedürfnissen. Die wenigsten Kinder werden genau dieselben Interessen wie ihre Eltern hegen oder gar dieselben Ziele verfolgen. Frust bei den Eltern ist bei solchen Erwartungen dann also vorprogrammiert.

Bestimmt kennst du auch diese Eltern, die ihre verlorenen Träume ihrem Kind aufzwingen und sie dadurch erleben wollen. Die berühmte Balletttänzerin oder der begabte Pianist zum Beispiel. Diese Kinder werden von ihren übermotivierten Eltern dermaßen unter Druck gesetzt, dass es ihnen kaum möglich ist, glücklich zu sein. Geschweige denn, eigene Interessen zu entwickeln. Zu diesen Eltern möchtest du nicht gehören, glaub mir.

Ganz hoch im Kurs steht auch die Erwartung an spitzenmäßige schulische Leistungen. Übermäßige Kritik ist aber auch dabei in der Regel nicht hilfreich oder gar zielführend. Selbst dann nicht, wenn dein Kind mal nicht die gewünschten Noten mit nach Hause bringt. Nicht jeder hat dasselbe Verständnis für die schulischen Fächer. Dem einen liegt Englisch vielleicht nicht, der andere versteht bei Mathematik nur Bahnhof – trotz Nachhilfe und allem Drum und Dran. Solange dein Kind nicht alles schleifen lässt und nie lernen will, kann man tatsächlich wenig daran ändern. Dennoch sollte sich dein Kind natürlich weiterhin bedingungslos von dir geliebt fühlen – mit all seinen Stärken und vor allem auch Schwächen. Wer sein Kind für schlechte Noten bestraft und sich andauernd den Mund fusselig schimpft, wird nicht für bessere Noten, sondern nur für eine ungesunde Selbstkritik des Kindes sorgen. Es hat dann das Gefühl, trotz allen Anstrengungen nicht gut genug zu sein. Hinzu kommt, dass Kinder sich erst nach einer Zeit emotional entwickeln. Bis zum Alter von frühestens drei Jahren, ist es zum Beispiel unmöglich für ein Kind, Empathie zu empfinden. Bei allen Ansprüchen sollte man daher unbedingt berücksichtigen, dass Kinder eben keine kleinen Erwachsenen sind und viele Dinge noch nicht können, die wir für selbstverständlich halten. Bis sich diese Fähigkeiten natürlich entwickelt haben, kann man sie auch nicht anerziehen. Dein Kind wird also nicht verstehen, warum die Erzieher sauer sind und das andere Kind weint, wenn es von ihm geschubst wurde. Da bringt selbst die ausgeklügelte Bestrafung nichts.

Dein Sprössling sollte die Möglichkeit haben, sich frei zu entwickeln und eigene Interessen zu entdecken. Auch dann, wenn du persönlich nicht viel davon hältst. Wirkliche Ansprüche sind nur dann angebracht, wenn dein Kind sich seine Zukunft verbaut – beispielsweise durch Kriminalität oder eine Null-Bock-Einstellung in der Schule. Sobald du dieses voll und ganz akzeptiert hast, wird ein enormer Druck von deinem Kind genommen – und nicht zuletzt von dir selbst. So steht einer gesunden Mutter-Kind-Beziehung nichts mehr im Wege.

KAPITEL 4

Die unbezahlte Manager-Position

Wie ich in den vorherigen Kapiteln bereits mehrmals betont habe, bist du die Managerin deiner Familie und des dazugehörigen Haushalts. Vielleicht hast du dich auch schon so sehr an deine Rolle bei euch Zuhause gewöhnt, dass du sogar ein wenig daran hängst. Es mag nur unbewusst sein, aber genau genommen bist du es gewohnt, dich um all das zu kümmern, was ansteht. Das tägliche Drunter und Drüber, das Machen und das Tun sind dir in Fleisch und Blut übergegangen. Wenn dieses ganze Planen und Organisieren auf einmal komplett wegfallen würde – würde dir dann nicht komischerweise auch etwas in deinem Leben fehlen? Etwas Gewohntes?

Dein erster Gedanke ist mit Sicherheit, dass dir dieser Dauerstress niemals fehlen könnte. Du könntest getrost darauf verzichten, von morgens bis abends unter Strom zu stehen. Und doch gibt genau das dir einen gewissen Halt – weil du es so gewohnt bist. Da es bisher immer so war, dass du den Haushalt und die Kinderversorgung von vorne bis hinten alleine durchplanst, hat sich dadurch für dich ein fester Ablauf ergeben. Und das ist auch genau richtig so:

Wir haben das Gefühl, alles unter Kontrolle zu haben, wenn wir bestimmte Sachen immer auf dieselbe Weise erledigen. Eine gewisse Routine im Haushalt ist deshalb nicht nur akzeptabel, sondern auch wünschenswert. Sie motiviert uns, auch unangenehmere Projekte in Angriff zu nehmen und hinter uns zu bringen. Wer bringt schließlich auch schon aus reiner Freude an der Tätigkeit den Müll raus oder schrubbt das angetrocknete Fett mühsam wieder aus der Pfanne? Wohl niemand. Dank der Routine müssen wir uns aber von Mal zu Mal weniger dazu überwinden, sondern machen es einfach. Problematisch wird es erst, wenn wir diese festen Abläufe zwanghaft benötigen, um uns selbst ein Gefühl von Sicherheit zu vermitteln. Und zwar auch dann, wenn wir eigentlich unter diesen Routinen leiden.

Mein Mann kann das nicht

Wenn seine Socken mal wieder in der ganzen Wohnung verteilt sind und sich auf dem Sideboard bereits eine Staubschicht sammelt, ist das eigentlich nichts Neues für dich. Du ärgerst dich vielleicht kurz darüber – aber schlussendlich wäschst du die Socken, legst sie zurück an Ort und Stelle, und auch das Sideboard kann sich durch dich von seiner Decke aus Staub verabschieden. All das passiert kommentarlos und am Ende des Tages weiß dein Partner nicht einmal, dass es überhaupt etwas zu erledigen gab. Er kommt von der Arbeit, sieht eine blitzblanke Wohnung und kann sich sorglos auf die Couch werfen.»Wenn der wüsste, wie ich mir heute wieder den Allerwertesten aufgerissen habe, damit es hier sauber ist – obwohl ich selbst noch einen normalen Job habe! Und er legt nach der Arbeit schön die Füße hoch.«

Innerlich erwartest du Anerkennung und Dankbarkeit. Diese Erwartungshaltung muss dir nicht einmal bewusst sein, sie ist einfach da. Schließlich sollte er ja wissen, was du ihm heute schon wieder alles hinterhergeräumt hast. Und ein Danke dafür, dass du seine Unterlagen zur Post gebracht hast, hörst du auch nicht. Aber wie denn auch? Denn auch wenn du selbst weißt, wie umfangreich die Aufgaben im Haushalt heute waren: Wie soll er davon Wind bekommen, wenn schon alles erledigt ist, wenn er nach Hause kommt?

Du wünschst dir nichts mehr, als dass dein Partner endlich merkt, wie viel Arbeit du in die gemeinsame Wohnung investierst. Wie viel Schweiß, Stress und Gedanken dich so ein typischer Tagesablauf inklusive Kinderbetreuung und Bespaßung kostet. Der Schlüssel dazu ist unkompliziert, lautet aber nicht genervt warten, bis er selbst mal darauf kommt, sondern Kommunikation. Dafür ist es wichtig, zu verstehen, dass Frauen und Männer unterschiedlich kommunizieren. Wo Frauen mit verschiedenen Gesten und unterschwelligen Hinweisen lieber unauffällig auf Arbeit hindeuten, die noch erledigt werden muss, bevorzugen die Männer ein direktes Gespräch – Klartext also. »Guck Mal Schatz, der Müll quillt schon wieder über …«, wird beim Mann also nicht das Gefühl auslösen, als sei das Entleeren des besagten Mülls nun seine Aufgabe. Der Müll bleibt also, wo er ist, dein Mann erkennt das Problem der Situation nicht und du leerst die Tonne schließlich selbst entnervt. Vielleicht lässt du in seiner Gegenwart noch den ein oder anderen gereizten Seufzer ab, in der Hoffnung, er wisse schon, warum du nun so drauf bist. Durch dieses Kommunikationsproblem kommt es nicht selten zu Missverständnissen und somit auch zu Streitigkeiten in den Partnerschaften. Sie fühlt sich unverstanden und er versteht nur Bahnhof. Ein offenes Gespräch muss also her, wenn du wirklich möchtest, dass dir dein Partner bei der Denk- und Planarbeit zur Hand geht.

Vertrauen aufbauen, Loslassen lernen

Viele Frauen bekommen an genau dieser Stelle aber Bammel. Sie müssen die Führung ein Stück weit abgeben und fürchten, dass das Gefühl der Sicherheit und des Alles-unter-Kontrolle-habens verloren geht. Schließlich ist dein Mann es ja gar nicht gewohnt, sich um den Haushalt zu kümmern. Oder das Kind rund um die Uhr bei sich zu haben. Trennt er die weiße Wäsche dann auch wirklich von der dunklen? Weiß er, wann für den Kleinen der nächste Arzttermin ausgemacht werden muss? Und ist ihm überhaupt bewusst, dass morgen die Müllabfuhr die Restmülltonnen leert? Genau diese Mentalität, dass der Mann ja sowieso keine Ahnung vom Haushalt und der Kindererziehung hat, verleitet dazu, dass

Frau alles eben auf die Schnelle selber macht. Es ist kurzfristig gesehen ja auch viel bequemer, einfach kurz etwas selbst zu erledigen als sich nach Feierabend noch mit seinem Liebsten an den Tisch zu setzen und in einem ellenlangen Gespräch zu klären, wer was übernimmt. Schon bei dem Gedanken, ihm alles von Anfang an erklären zu müssen, vergeht dir darauf die Lust. Er wusste bis vor Kurzem ja nicht einmal, wo die Windeln liegen.

Nun überlege aber einmal langfristig. Wie viel Zeit und Nerven kostet so ein Gespräch im Gegensatz zu all den Situationen, in denen du dich noch im Stillen über sein Nichtstun im Haushalt aufregen wirst und im Anschluss seine Aufgaben erledigst? Wir müssen lernen, die Kontrolle über das Geschehen ein Stück weit abzugeben, damit uns überhaupt auf lange Sicht in dieser Angelegenheit geholfen werden kann. Beziehungsweise, dass wir überhaupt Hilfe zulassen können und wollen. Du kannst deinem Partner mehr zutrauen, als du denkst. Wirklich.

Aber wie kommt es überhaupt, dass wir unserem Liebsten von vornherein so wenig zutrauen? Um die Antwort auf diese Frage zu finden, musst du dir bloß vor Augen halten, wie viele Jahre du dich nun schon alleine um den Haushalt und das Management rund ums Kind gekümmert hast. In dieser Zeit hast du für dich eine gewisse Ordnung entwickelt. Zum Beispiel weißt du sicherlich genau, wo bei euch im Kühlschrank der Aufschnitt seinen Platz hat und wo die Kondensmilch. Anfangs mag es daher nicht so leicht fallen, deinem Mann das Ruder zu überlassen. Er wird die Dinge ganz bestimmt anders machen als du – und das musst du wohl oder übel in Kauf nehmen. Denn auch, wenn sich deine Routine bei dir bereits eingebrannt hat und die Ordnungen und Herangehensweisen deines Mannes sich davon unterscheiden, sind sie nicht grundsätzlich schlecht. Sie mögen dir im ersten Moment vielleicht noch etwas ungewohnt und unter Umständen sogar unbeholfen vorkommen, aber aus Fehlern lernt man(n). Und diese Fehler solltest du deinen Partner auch zugestehen. Nur so wird er daraus lernen können und eine für sich passende Routine für sein Aufgabenfeld entwickeln.

Sieh es also einfach entspannt – oder versuche es zumindest. Während er sich im Haushalt übt, übst du dich darin, die Kontrolle abgeben zu können. Klingt doch ganz fair, oder? Er weiß nicht, wo die Windeln liegen? Na und? Er wird sie schon finden, wenn er danach sucht. Und dann weiß er es fürs nächste Mal. Dasselbe gilt für das Spülmaschinensalz, das Hundefutter und das richtige Waschmittel für Wolle. Und selbst wenn sein gutes weißes Hemd nach dem ersten Mal Waschen in einem zarten babyrosa erstrahlt, wird er beim nächsten Waschgang garantiert wissen, dass man das rote Handtuch nicht noch eben schnell in die weiße Wäsche schmeißen kann. Probieren geht in dem Fall über studieren. Und was man sich selbst beibringt, bleibt intensiver und länger im Kopf, als wenn man dauernd nur gesagt bekommt, wie genau man etwas zu tun oder zu lassen hat.

Für deinen Mann ist es nun ungefähr so, als würde er das erste Mal selbst hinterm Steuer sitzen. Und vielleicht kennst du das: Du bist dauernd dieselbe Strecke mit dem Auto gefahren – aber eben nur auf dem Beifahrersitz. Auch, wenn du diese Route schon abermals mitgefahren bist, musst du dich erst einmal neu orientieren, wenn du das erste Mal selbst hinterm Steuer sitzt. An welcher Kreuzung musste ich noch mal rechts? Diese oder an der nächsten? Wenn du nun falsch abbiegst, weißt du beim nächsten Mal garantiert, dass es die andere Kreuzung gewesen sein muss. Genauso wie beim Autofahren muss dein Partner sich nun auch erst mal daran gewöhnen, das Ruder zu übernehmen – und aus Fehlern lernen.

Fakt ist, es ist bloß ein Irrglaube, dass dein Partner deine Aufgaben nicht mindestens genauso gut übernehmen könnte wie du. Du musst ihm bloß etwas Zeit zur Eingewöhnung und zur Findung seines eigenen Alltagsablaufes geben. Schließlich wusstest du, als du mit dem Managen angefangen hast, auch noch nicht genau, wie der Hase läuft. Das vergisst man nur schnell mit der Zeit. Vor allem, wenn man es jahrelang gewohnt ist. Glaub mir, dein Mann kann – du musst ihn nur lassen.

Die Super-Mutti

Wir Mamas sind Superhelden, das steht außer Frage. Neun Monate lang entsteht in unseren Bäuchen ein menschliches Wesen, was von Tag zu Tag größer und schwerer wird. Mit der Geburt zeigen wir dann unsere kriegerische Seite und meistern den Schmerz, als hätten wir nie etwas anderes getan. Doch die wahren Superkräfte entfalten sich erst, wenn der Alltag nach der Entbindung wieder einkehrt. Denn als Mama können wir unzählige Warum-Frageketten unseres Kindes ertragen, an seiner bloßen Präsenz bereits fühlen, ob etwas nicht stimmt und uns im nächsten Augenblick schon mit Pflaster und einem Küsschen bereitmachen, um das Wehwehchen schnell zu heilen.

Geht es dir auch so, dass du erst dann richtig abschalten kannst, wenn du weißt, dass alle um dich herum zufrieden und bestens versorgt sind? Die meisten Mütter würden diese Frage sicherlich mit einem lautstarken und ehrlichen »Ja« beantworten können. Auch ich habe lange zu dieser Art von Mutter gehört – und ehrlich gesagt auch gar kein Problem darin gesehen. Solange nicht jeder um mich herum verpflegt war, konnte ich mich nicht richtig entspannen. Tat ich es trotzdem, wurde ich von einem unterschwelligen schlechten Gewissen heimgesucht. Und da ich rund um die Uhr das Gefühl hatte, es gäbe immer noch etwas zu erledigen, kam ich gar nicht zur Ruhe. Na ja, immerhin tue ich den anderen etwas Gutes damit. Dachte ich zumindest.

Selbstwertgefühl und eigene Identität

Aber pass auf, jetzt kommt das Paradoxe daran: Das ganze Kümmern hat weniger mit Selbstlosigkeit zu tun, als man vielleicht annimmt. Genau genommen geschieht dieses ständige Umsorgen und Machen sogar aus eigennützigem Interesse. Natürlich ist es alles andere als egoistisch, wenn du dich in erster Linie um das Wohlergehen anderer bemühst. Indem du dich um andere kümmerst, kümmerst du dich aber indirekt auch um dich selbst. Etwas für andere zu tun gibt dir also das Gefühl, gebraucht zu werden. Und das tut gut.

Wir Menschen definieren uns über verschiedene äußerliche und innere Werte. Und sollte man nicht gerade ein Mönch sein und allen materialistischen und gesellschaftlichen Annehmlichkeiten entsagt haben, ist es völlig normal, dass wir auch anfangen uns über äußere Einflüsse zu definieren. Nur die wenigsten Menschen beziehen ihr gesamtes Selbstwertgefühl und Selbstbildnis einzig aus ihrem Inneren.

Wenn du zum Beispiel einem ausgefallenen Hobby nachgehst, wird es mit der Zeit zu einem Teil von dir. Sowohl für die Außenwelt, als auch für dich selbst. Dann bist du nicht mehr »nur« du, sondern auf einmal die, die Fallschirm springt. Dein Unterbewusstsein findet diese Assoziation klasse und packt gleich noch passende Charaktereigenschaften wie abenteuerlustig und spontan mit aufs Identitätskonto.

Du würdest dich fühlen, als ob ein Stück fehlt, wenn du diesem einen Hobby nun, aus welchem Grund auch immer, nicht mehr nachgehen könntest. Und das sogar dann, wenn es dir gar nicht mal mehr so viel Spaß bereitet. Du hast dich einfach damit angefreundet, dich mit deinem Zeitvertreib zu identifizieren. Die Person, die du für dich bist, wäre ohne besagtes Hobby nicht dieselbe. Zumindest denkt dein Unterbewusstsein das. Dass das eigentlich Quatsch ist, ist dir hoffentlich klar.

Haushalt statt Karriere

Menschen neigen dazu, an dem festzuhalten, was sie ihrer Meinung nach ausmacht. Denn sich übertrieben formuliert eine neue Identität zu suchen, kann ein Gefühl des Verloren-Seins auslösen. Das Selbstbild beginnt zu bröseln. Schnell muss dann etwas Neues her, was die alte Tätigkeit sozusagen ablöst. Dein Kopf versucht, die angebliche Lücke in deiner Identität sofort zu stopfen.

Worauf ich mit diesem Beispiel hinaus will, ist eigentlich ganz simpel. Wie schon erwähnt identifiziert sich unser Kopf gerne mit bestimmten Dingen. Viele Männer – und natürlich auch einige Frauen – definieren sich über ihre Karriere und ihre Erfolge. Dazu gehört neben der Summe, die am Monatsende auf der Gehaltsabrechnung steht, auch ein guter Ruf im Unternehmen oder besser noch, eine angesehene Position. Diese Werte pushen den Selbstwert von allen Menschen, die ihren Fokus auf den Beruf gelegt haben. Sie zeigen an, dass diese Personen etwas geschafft und erreicht haben – oder kurz gesagt: Erfolgreich sind, bei dem, was sie tun.

Wenn du aber nun weder spannende Hobbys, noch einen besonders aufregenden Job hast, findet dein Hirn schnell einen neuen Fokus: den Haushalt und das Familienleben. Diesen Impuls bekommst du nicht einmal mit, doch du merkst, wie du immer alles gibst, damit es wie am Schnürchen läuft. Du fängst an, dich mit deiner Arbeit in der Familie und im Haus zu identifizieren.

Es ist also kein Wunder, dass du möchtest, dass zu Hause auch alles einwandfrei läuft. Anstatt der Gehaltsabrechnung ist es bei dir das Kind, was dank deiner Nachhilfe gute Noten schreibt, oder euer blitzblanker Fußboden, von dem man zu jeder Tages- und Nachtzeit problemlos essen könnte. Zielstrebigkeit in einem gewissen Maße ist ja auch gesund. Aber so wie viele andere im Beruf am Burnout erkranken, führt eine Überlastung im Haushalt schnell zum Mental Load. Sei dir also bewusst, dass du nicht perfekt sein kannst und solltest, so demotivierend sich das auch anhört. Es ist besser, realistische Ansichten von etwas zu haben, als seine Ansprüche an sich selbst dermaßen hochzuschrauben, dass man sie nicht mal mehr mit einer Feuerwehrleiter erreichen könnte.

Der Schuss geht nämlich früher oder später nach hinten los. Dies mündet unweigerlich in einer der zwei folgenden Optionen: Das erste Szenario wäre, dass du nicht das erreichst, was du dir vorgenommen hast. Abgesehen davon, dass du ziemlich frustriert wärst, würde auch dein Selbstbild darunter leiden. Bin ich doch nicht die Spitzenhausfrau, die ich dachte zu sein, wenn ich nicht einmal XY geschafft habe? Bin ich etwa eine schlechte Mutter? Du fängst an, dich schuldig zu fühlen und dich gedanklich dafür fertigzumachen. Alleine deshalb, weil du deine eigenen Ansprüche nicht erfüllen konntest. Das zweite Szenario wäre, dass du wie ein fleißiges Bienchen jeden Tag deine To-do-Liste abarbeitest. Nichts wird ausgelassen. Was du dir in den Kopf gesetzt hast, wird gemacht. Vielleicht magst du jetzt stolz auf dich sein, doch zahlst du einen hohen Preis. Du vergisst dich selbst. Wenn du mit deinen Gedanken immer nur bei Haushaltstätigkeiten oder dem Wohlergehen anderer bist, kommst du schlicht und einfach zu kurz. Und das ist genau das Szenario, das einen Mental Load enorm begünstigt.

Versuche es also mal mit realistischen Ansprüchen an dich und vergiss auch nicht, die ein oder andere Pause fest mit einzuplanen. So schaffst du garantiert deine geplanten Aufgaben und gehst mit einer weniger gestressten Einstellung durch den Tag. Und wer weiß? Vielleicht schaffst du ja sogar noch etwas mehr, als du ursprünglich geplant hattest! Dann kannst du gleich doppelt so stolz auf dich sein.

Hilfe, bei uns ist es dreckig!

Kommt es dir auch manchmal so vor, als hättest du zu Hause noch ein erwachsenes Kind zu versorgen, was überall seinen Kram liegen lässt? Den Stapel Automagazine mitten auf dem Küchentisch zum Beispiel, die diesen nun so einnehmen, als hätte der Tisch nie einen anderen Zweck gekannt. Dazu kommen die Klamotten, die jeden Abend in einer neuen abstrakten Kreation auf dem Badezimmerboden verteilt werden. Und natürlich die fertige Wäsche in der Maschine, die zwar wahrgenommen, aber nicht ausgeräumt und aufgehängt wird. Aber warum lassen Männer alles liegen, sodass wir hinterherräumen müssen? Oder machen sie das gar nicht extra und sie werden zu Unrecht in diese Schublade gesteckt? Ich habe es schon mal gesagt und ich sage es auch noch einmal: Es gibt Männer, die sich ihren Pflichten und Aufgaben im Haushalt genauso bewusst sind, wie ihre Frau. Nur ist es leider einfach häufig so, dass Frauen den Männern hinterherräumen. Die Frage, wer hier jetzt eigentlich der Böse ist, kann man allerdings schlecht beantworten. Schließlich weiß man nicht, ob man bloß zu voreilig etwas weggeräumt hat und der Mann es noch erledigt hätte – oder eben nicht. Du hast nun also zusätzlich zu deinem richtigen Nachwuchs, noch jemanden, um den du dich kümmern musst. Und dabei gibt dein Kind schon alles: Das Badezimmer mit Schaum überfluten, die Erdnussbutter überall außer im Mund verteilen und das Spielzeug genauso in der Wohnung platzieren, dass du drauftrittst. Aua!

Klischees und Gewohnheiten brechen

Nehmen wir einmal an, ihr ladet die Familie zum Mittagessen ein. Wer kümmert sich darum, dass sich kein einziges Staubkorn in der Badewanne befindet, das Kind fertig gewickelt ist und auch das letzte Hundehaar vom Sofa entfernt wurde? Wahrscheinlich fällt diese lästige Aufgabe auf dich zurück. Und auch seinen Krempel legst du in einem Wisch wieder an Ort und Stelle. Schließlich soll ja auch alles ordentlich sein, wenn der Besuch kommt. Warum scheint es dich als Frau aber immer mehr zu interessieren, ob die Wohnung in Schuss ist, wenn ihr Gäste erwartet? Dein Mann wohnt ja schließlich genauso dort. Es wird auch ihm mit Sicherheit nicht egal sein, wenn die Leute über ihn denken, er würde unordentlich leben.

Leider ist es nun aber einmal so, Emanzipation hin oder her, dass der Haushalt in unserer Gesellschaft meistens an der Frau hängenbleibt. Selbst, wenn man sich dieser Denkweise entziehen möchte, kann es sein, dass man den Haushalt schnell als Aufgabengebiet der Frau sieht – und somit auch die Frau als Verantwortliche dafür.

Wenn es dann also nicht picobello sauber ist, Wäsche herumliegt oder die halb ausgetrunkene Kaffeetasse vom Vortag noch neben, anstatt in der Spüle steht, wird mit dem Finger gezeigt. Und zwar auf dich, weil du eben die Frau im Haus bist. Dabei ist es völlig egal, ob du genau wie dein Partner Vollzeit arbeiten gehst.

Damit genau das nicht passiert und du kritischen Blicken und Kommentaren aus dem Weg gehen kannst, räumst du also hinter deinem Liebsten her. Denn wer weiß schon, ob er sich heute, morgen oder erst innerhalb der nächsten 14 Werktage dazu aufraffen kann, das Gitter vom letzten Grillabend zu schrubben? Außerdem könnte auch unangemeldet Besuch kommen. Eine Nachbarin zum Beispiel, die zu einer Tasse Kaffee plötzlich vor der Tür steht. Diese willst du dann ja auch nicht aus lauter Scham wieder nach Hause schicken müssen, wenn du versuchst, deinem Mann gerade das Selber-Wegräumen anzutrainieren – und die ganze Wohnung ein Parcours aus noch nicht weggeräumtem Krempel ist.

Genau um diesen Eventualitäten um jeden Preis aus dem Weg zu gehen, neigen wir eher früher als später dazu, nicht nur unsere eigenen Sachen, sondern auch die unserer Männer wegzuräumen. Wir wollen die Außenwahrnehmung wahren. Wir wollen als ordentliche Familie wahrgenommen werden und nicht nachher den Tratsch über uns in der eigenen Nachbarschaft hören, dass »Frau Soundso ihren Haushalt nicht im Griff hat«.

Statt einem gemütlichen Abend mit Snacks und deiner Lieblingsserie bist du also am Aufräumen. Du räumst und räumst und räumst und trotzdem scheint es auch bei euch zu Hause nach dem Motto »Wenn eine Tür sich schließt, öffnet sich die Nächste« zu laufen – nur im negativen Sinne. Kaum hast du die Kaffeemaschine entkalkt, entdeckst du im Wohnzimmer eine Unordnung, die aussieht, als hätte man eine komplette Studenten-WG zu einer Kissenschlacht eingeladen. Dieses Chaos muss – wenn es nicht dein Mann oder dein Kind war – wohl auf magische Weise entstanden sein, denn du warst es nicht. Du faltest, legst und streichst glatt. Und das alles, damit dein Partner sich sofort danach wieder auf das Sofa legt, das du gerade eben noch liebevoll hergerichtet hast. Wie respektlos!

Je nachdem, wie viel Wert du auf die Außenwahrnehmung legst, könntest du all dem getrost ein Ende setzen. Es ist nur wichtig, das Gefühl loszuwerden, dass rund um die Uhr alles einwandfrei sein muss. Nächstes Mal, wenn er nach dem Duschen wieder seine Klamotten im Bad liegen lässt – lass auch du deine liegen. Er wird wahrscheinlich gar nicht gewohnt sein, dass diese am nächsten Tag nicht wie von Zauberhand in der Waschmaschine gelandet sind. Nun tickt die Uhr, denn es kommt darauf an, wie viel Unordnung dein Partner verkraftet. Manchen Männern fällt schon nach einem Tag auf, dass etwas anders ist als sonst. Andere brauchen eine Weile und müssen erst einmal dem Klamottenberg beim Wachsen zusehen, damit auch sie verstehen, dass sich etwas geändert hat. Während du die Sachen deines Partners also unbekümmert liegen lässt, räumst du deine eigenen Dinge wie gewohnt weg. Die meisten Männer fangen nun an, mit leichter Verwirrung selbst ihre Wäsche vom Boden zu pflücken und in den Wäschekorb zu legen. Es liegt schließlich in ihrem eigenen Interesse, auch in ein paar Tagen noch saubere Kleidung zum Anziehen zu haben. Sollte er sich nun nach einer gewissen Zeit allerdings bei dir beschweren wollen, dass es unordentlich ist, anstatt seine Sachen einfach selbst wegzuräumen, gib ihm eine Wohnungsrundführung. Zeige ihm, dass alles Unordentliche ausschließlich sein Kram ist. Das wird ihm ein wenig die Augen dafür öffnen, wie viel du ihm in der Vergangenheit eigentlich hinterhergeräumt hast, wenn es nach einigen Tagen Nichtstun deinerseits bereits aussieht, wie bei Hempels unterm Sofa. Diese Gelegenheit der kleinen Erleuchtung deines Mannes kannst du nun wunderbar nutzen, um das Gespräch anzufangen, vor dem du dich immer gedrückt hast. Wie du diesen Drahtseilakt ohne Missverständnisse und Streitigkeiten hinbekommst, erfährst du natürlich im weiteren Verlauf des Buches.

KAPITEL 5

»Du hättest doch nur fragen müssen!«

Wenn das Nudelwasser mal wieder überkocht, das Kind schreiend seinen Mittagsschlaf verweigert und gleichzeitig euer Hund ungeduldig sein Fressen einfordert, kannst du kaum überall zur selben Zeit sein. Dennoch probierst du, so gut es eben geht, alles unter einen Hut zu bringen. Dass sich dabei das Hundegebell mit dem Kindergeschrei zu einem ohrenbetäubenden Lärm vermengt, während du gerade versuchst, die Nudeln zu retten, ist kein Wunder. »Was ist das denn für ein Geschrei hier?«, fragt dein Mann. Hat er es wirklich gerade gewagt, diese Frage zu stellen? Der Geräuschpegel wäre nicht annähernd so laut, wenn er von sich aus auf die Idee kommen würde, wenigstens kurz den Hund zu füttern. Oder das Kind zu beruhigen. Aber nein. »Wieso hast du denn nicht gefragt, ob ich dir was abnehmen kann?«, ergänzt er.

Genau wie das Essen auf dem Herd beginnst nun auch du innerlich zu kochen. Etwas abnehmen? Sind das also grundsätzlich alles meine Aufgaben, bei denen mir mein ach-so-hilfsbereiter Partner ab und an unter die Arme greifen kann?

In der Realität ist es häufig so, dass wir Frauen den Haushalt organisieren, während er höchstens zuarbeitet – vorausgesetzt, wir haben ihn vorher auch auf seine Aufgaben hingewiesen. Deshalb kommt es leider auch nicht selten vor, dass die fertige Wäsche traurig in der Waschmaschine hin und her schaukelt, bis du sie schließlich aufhängst oder eben deinen Partner darum bittest. Die Zimmerpflanzen lassen ihre Blätter hängen und auch der Wohnzimmertisch staubt fröhlich vor sich hin. Ohne genaue Anweisung wird dein Partner bedauerlicherweise nur selten aktiv. Und dass, obwohl der Haushalt euch beide gleichermaßen betrifft oder zumindest betreffen sollte.

Vom Retter in der Not zum normalen Familienvater

Oft ist es so, dass dein Partner gewisse Signale von dir erwartet, die ihn darauf aufmerksam machen, dass es etwas zu erledigen gibt. Viele Männer kommen nur selten von selbst darauf, den Müll runter zu bringen, wenn er voll ist. Sie warten, bis frau sie explizit darum bittet und wollen, wenn möglich, nach getaner Arbeit auch noch ein dickes »Lob« dafür erhalten. Gut, das mag in manchen Fällen anders sein – aber »Ausnahmen bestätigen bekanntlich die Regel«.

Zählt dein Mann auch zu den wartenden Auftragsempfängern? Einkaufen geht er nur, wenn er von dir vorher eine Liste bekommen hat? Die lästige Bestandsaufnahme der Lebensmittel und die Planung der nächsten Mahlzeiten bleibt also weiterhin an dir hängen? Und vom Putzen brauchen wir erst gar nicht sprechen?

Das Wort »helfen« verbannen

Der Gedanke, dass der Haushalt grundsätzlich Frauensache ist, muss weichen. Dein Partner wohnt ja schließlich genauso in der gemeinsamen Wohnung. Benutzt denselben Mülleimer, dieselben Teller, dasselbe Alles. Und als Vater ist er genauso für die Kindererziehung verantwortlich, wie du. Wieso ist es also deine Aufgabe, an alle Haushaltstätigkeiten und Dinge rund ums Kind zu denken? Sollte dein Partner nicht genauso einen Teil der Aufgaben übernehmen und mal von selbst auf die Idee kommen, beispielsweise den Müll rauszubringen, wenn er sieht, dass dieser überquillt?

An die wenigen Aufgaben, die dein Partner im Haushalt hat, solltest du ihn nicht auch noch konsequent erinnern müssen – geschweige denn ihm zuarbeiten. Nehmen wir zum Beispiel mal die Essenszubereitung. Wenn er dran ist mit kochen, soll er auch das volle Programm bekommen. Das heißt, das Rezept heraussuchen, nachsehen, was ihr noch im Haus habt, auf dieser Grundlage eine Einkaufsliste schreiben, einkaufen gehen, kochen und im Anschluss auch wieder die Unordnung in der Küche beseitigen. Er darf nicht von dir erwarten, dass du ihm alle Zutaten bereits adrett auf der Anrichte platzierst, die nötigen Töpfe und Pfannen bereitstellst und ihn dann auch noch darum bittest, für euch zu kochen. Das vermittelt ihm das Gefühl, dass er dir eine lästige Aufgabe abnimmt. Vielleicht ist das in gewisser Weise auch so, aber wenn du bereits für jeden minimalen Einsatz überschwängliche Dankbarkeit zeigst, ruht er sich schnell auf seinen wenigen Aufgaben aus. Und vor allem bestätigt es ihn in der Ansicht, dass es sich bei der abgenommenen Tätigkeit tatsächlich um deine Aufgabe handelt – und er der helfende Ritter in der Not ist.

Überleg mal, wer dankt dir für deine ganze Arbeit im Haushalt? »Danke, dass du meine Wäsche gewaschen und gefaltet hast, die Spülmaschine angestellt und das Fenster geputzt hast! Find ich spitze, weiter so!« Wahrscheinlich hast du so was noch nie oder nur sehr selten zu Ohren bekommen. Deshalb brauchst auch du keine übertriebene Dankbarkeit walten lassen, wenn er sich minimalen Aufgaben in der Wohnung widmet. Am besten wäre es sogar, wenn er sein Tun nicht als Gefallen, sondern als eine Selbstverständlichkeit ansehen würde. Schließlich betreffen euch die Aufgaben in der Regel ja auch gleichermaßen.

Ab jetzt wird also nicht mehr »geholfen«. Es ist euer beider Verantwortung. Seine Hilfe ist in dem Fall auch keine wirkliche Hilfe, sondern lediglich das Übernehmen eines winzigen Bruchteils seiner eigentlichen Aufgaben. Solange du ihn darum bittest, wird er das allerdings anders sehen. Wenn man um etwas gebeten wird, hat man nämlich automatisch das Gefühl, man würde dem anderen einen Gefallen tun. Schließlich hätte die andere Person ja sonst nicht explizit nachgefragt. Wenn es ganz hart kommt, erwartet man unbewusst dann sogar noch eine Gegenleistung dafür. Dein Partner könnte also denken, du seist ihm nun etwas schuldig, wo er dir doch netterweise unter die Arme gegriffen hat. Es ist Zeit, dass dein Mann von seinem hohen Ross absteigt und einsieht, dass er mit seinem Helfen auf Nachfrage nicht der edle und wohlwollende Ritter ist, für den er sich vielleicht hält. Auch, wenn du es bisher immer gut mit ihm gemeint hast, ist nun der Punkt gekommen, eine konkrete Aufgabenteilung zu besprechen. Wichtig ist, dass dein Partner feste Tätigkeitsbereiche im Haus hat. Seine eigenen Aufgaben, die er nicht bloß erledigt, um dir helfen zu wollen. Und wenn er diese noch nicht hat, wird es höchste Zeit, ihm welche zuzuteilen. Vielleicht übernimmt er das Kochen, Einkaufen und Spülen. Du dafür die Wäsche und das Staubsaugen. Wenn euch in eurem Aufgabenfeld zu langweilig wird, könnt ihr wöchentlich tauschen.

Bei diesem Prozedere ist es aber wichtig, trotz allem keine negativen Emotionen gegenüber deinem Partner aufzubauen und dich nicht vom Gefühl der Ungerechtigkeit verschlingen zu lassen. Er meint es sicherlich nicht böse, dass er dir erst auf Nachfrage zugearbeitet hat. Wie bei vielem anderen ist er es bloß einfach so gewöhnt. Wieso sollte er auch darauf kommen, ohne Weiteres 50 % des Haushalts zu übernehmen, wenn du seinen Part bis dato übernommen hast? Durch das ständige Übernehmen seines Parts sieht er diesen Teil nicht einmal mehr als sein Aufgabengebiet, sondern als deines. Dann ist es kein Wunder, dass er sich fühlt, als hätte er eine gute Tat vollbracht, wenn er dann doch mal in den sauren Apfel beißt und mit anpackt. Es geht hier also nicht darum, eine Schuldfrage zu klären, sondern eher darum, die Beweggründe des anderen zu verstehen. Das ist vor allem ausschlaggebend, um im Gespräch hinterher keine unterschwelligen Vorwürfe zuzulassen. Das führt weder zu Lösungen noch zu Verständnis, sondern zu Streit. Dein Partner fühlt sich von dir aus heiterem Himmel angegriffen und geht in den Verteidigungsmodus über, anstatt sich gemeinsam mit dir ins Boot zu setzen. Ihr arbeitet in dem Fall also gegeneinander, anstatt miteinander. Vielleicht hilft es dir, es folgendermaßen zu betrachten: Damit sich diese ungleiche Verteilung im Haushalt überhaupt festigen konnte, haben beide ihren Teil dazu beigetragen. Er, indem er es dir überlassen hat. Aber auch du, indem du ohne Weiteres alles übernommen hast.

Wie soll man etwas Unsichtbares erklären?

Damit du aber überhaupt dazu kommst, dass dein Partner deine Probleme versteht, musst du ihm erst einmal schildern, was genau dich auslaugt. Das bisschen Wäsche machen und einkaufen kann ja wohl nicht so schlimm sein, oder? Mag sein, aber das Anstrengende passiert im Kopf. Das Anstrengende ist die Koordination hinter den Kulissen. Doch wie soll man die verborgene Denkarbeit erklären, die einen geregelten Haushalt überhaupt erst mit einem Kind und dessen Bedürfnissen vereinbaren lässt? Diese Planung geschieht still und heimlich im Hintergrund und ist unsichtbar wie die Zahnfee.

Auch ich trat an diesem Punkt ziemlich lange auf der Stelle. Es war schon eine Achterbahnfahrt gewesen, mir selbst meine Gedankenkirmes zu erklären, aber sie jetzt obendrein noch verständlich beschreiben zu müssen? Unvorstellbar! Man muss mich für verrückt erklären, wenn ich die Tätigkeiten, die für eine Mutter als Selbstverständlichkeit angesehen werden, so dramatisiere. Die anderen Mütter bekommen das ja auch auf die Reihe und beschweren sich nicht. Ich hatte irgendwie das Gefühl, um mich herum würde es nur so von Supermuttis wimmeln, die regelrecht in ihrer Familien- und Haushaltsplanung aufgingen. Immer wieder stellte ich mir heimlich die Frage: »Bin ich einfach nicht belastbar genug oder sogar eine schlechte Mutter?«

Aber Moment mal! Wollte ich wirklich meine eigenen Hilfeschreie nach Entlastung ignorieren, die tief aus meiner Seele riefen, nur um einem Rollenideal zu entsprechen? Ich fühlte mich, als wäre ich mit einem Fingerschnippen wieder zum Teenager geworden, der einem erdrückenden Gruppenzwang standhalten muss. Aber für mich stand fest: Ich will – und vor allem kann – das so nicht mehr. Also versuchte ich mich gedanklich von all meinen Zweifeln zu lösen. Natürlich wollte ich eine tolle Mama sein, die zusätzlich zum Mamasein die Power hat, den Haushalt und den Job zu wuppen, als wäre es bloß eine Kleinigkeit. In meinen utopischen Vorstellungen war ich immer gut gelaunt und voller Energie, holte mir morgens auf dem Weg zum Kindergarten bereits einen Coffee to go, während ich zeitgleich wichtige Dinge am Handy klärte und von meinem Umfeld für mein Multitasking bewundert wurde. In der Realität fand ich mich hingegen in einem Haufen von Wäsche wieder, mit einem Fleck vom Bäuerchen auf meiner neuen Bluse und anstelle des obligatorischen Coffee to go, schlürfte ich abgekämpft meinen kalten, abgestandenen Kaffee vom Morgen.

Also weg mit den Erwartungen der Gesellschaft, weg mit meinen eigenen Erwartungen. Weg mit meinen unrealistischen Vorstellungen davon, was es heißt, eine perfekte Mutti zu sein. Ich wäre lieber glücklich, als perfekt. Was heißt perfekt überhaupt?

Die eigenen Gedankengänge verstehen

So stand für mich der Entschluss fest, dass ich es zumindest versuchen wollte, diese mentale Arbeit zu erklären. Verständlich zu erklären. Und zwar so verständlich, dass sogar unser Kind verstehen würde, warum Mama so erschöpft ist.

Klar, damit du erklären kannst, was sich in dir abspielt, musst du es zunächst selbst verstehen. Das ist der erste Schritt und nicht immer einfach. Selbst, wenn du dich ermüdet und ausgelastet fühlst, musst du dir zuallererst selber eingestehen, dass es so nicht weitergeht. Und auch dann stellt sich die Frage: Was genau zehrt dich so dermaßen aus? Gedanken kommen und gehen so schnell, dass sie kaum greifbar sind. Versuche also einmal, genau das zu tun. Wenn du denkst, versuche, deine Gedanken zu greifen. Jeden einzelnen, der dann wiederum zum Nächsten führt. Denn nicht einmal das Kaufen einer Packung Milch geschieht ohne gedankliche Planung und Vorarbeit.

»Wenn wir keine Milch mehr haben, muss ich einkaufen, klar. Wenn der Laden aber erst um 8 Uhr öffnet, schaffe ich es nicht vor der Arbeit. Wenn ich nach der Arbeit einkaufen muss, komme ich zu spät, um unseren Sohn von der Kita abzuholen. Und wenn bis nachmittags die Milch nicht da ist, muss ich entweder unsere Nachbarin nach einer Packung fragen, oder das Kaffeekränzchen mit Oma verschieben.« Wahnsinn, oder? Dieser ganze gedankliche Aufwand entsteht einzig und allein wegen einer Packung Milch. Was für ein Gedankenchaos in einem entsteht, wenn man sich nun nicht nur um das Päckchen Milch, sondern um den gesamten Haushalt samt Kindererziehung kümmern muss, liegt auf der Hand. Jede Aufgabe, die zu Hause ansteht, zieht weitere Aufgaben mit sich. Und alle diese Aufgaben sind irgendwie voneinander abhängig und wollen entsprechend geplant werden. Es geht ja schließlich auch niemand erst einkaufen, um hinterherzuschauen, was überhaupt noch im Schrank ist oder für das Abendessen benötigt wird.

Jetzt, wo du deine eigenen Gedankenabläufe leichter verstehst, kannst du sie auch in Worte fassen – oder noch besser: aufschreiben! Dann steht es dort, schwarz auf weiß, ist sichtbar und greifbar. Du hast etwas Unsichtbarem, was sich nur in deinem Kopf abgespielt hat, einen Platz in der materialistischen Welt gegeben. Zögere nicht und schreibe so viel auf, wie dir an einem Tag durch den Kopf schwirrt. Ob es sich dabei um die Zubereitung des Essens handelt, oder um das Besprechen des nächsten Elternabends, spielt keine Rolle. Das ist zwar erst mal zeitintensiv, aber auch du wirst staunen, wie schnell sich das Blatt füllt. Wie viel du am Tag planst. Wie oft dein Kopf neue Themen bearbeitet, damit im Familienalltag alles klappt. Abends kannst du dann deinen Roman aus Gedankenfetzen und Wenn-dies-dann-das-Ketten deinem Partner präsentieren. Wohlgemerkt, dass alles an einem einzigen Tag zustande gekommen ist. Da wird wohl jeder nachvollziehen können, dass dir am Ende des Tages der Kopf raucht. Dein Mann, dein Kind, sogar die Katze der Nachbarin.

Nun liegt es an dir. Du musst dich nur noch trauen, zuzugeben, dass du überlastet bist und es so nicht mehr weitergeht. Das fällt schwer, denn keiner gesteht sich gerne seine vermeintlichen Schwächen ein. Dabei solltest du es nicht als Schwäche, sondern als Chance sehen! Es ist nicht schwach, sich selbst einzugestehen, dass man auch mal etwas nicht schafft – im Gegenteil: Es erfordert eine dicke Portion mentaler

Stärke und Reife. Einen Teil der Verantwortung abgeben zu wollen ist kein Aufgeben und macht dich erst recht nicht zu einem schwachen Menschen – sondern einfach nur menschlich.

Anders ist nicht falsch

... sondern nur eine weitere Variante von richtig!

Sobald wir uns dazu entschlossen haben, unserem Partner mehr Verantwortung abzugeben, müssen wir uns auf einiges einstellen. Vor allem darauf, dass unser Liebster die Familienarbeit und den Haushalt unter Umständen komplett anders angeht, als wir selbst. Das ist aber nicht zwangsläufig schlecht, sondern eben anders.

Wie heißt es doch gleich so schön? Viele Wege führen nach Rom. Selbst wenn du den vermeintlich schnellsten Weg aufgrund deiner jahrelangen Erfahrung schon kennst, kommt man auch genauso gut (wenn auch etwas langsamer) mit Umwegen ans Ziel. Sobald dein Mann nun also plötzlich mit neuen Aufgabenfeldern zu kämpfen hat, mit denen er sich vorher nie auseinandersetzen musste, ist ein holpriger Einstieg garantiert.

Dein Partner braucht Zeit, sich in sein neues Aufgabengebiet einzufinden. Er muss genau wie du am Anfang lernen, die Denkarbeit dahinter zu meistern. Du weißt ja wahrscheinlich selbst am besten, dass das in der Regel kein Sonntagsspaziergang ist. Nehmen wir mal an, er kümmert sich von nun an um die gesamte Putzarbeit im Haushalt. Es braucht seine Zeit, um ein Auge dafür zu bekommen, wann die Fenster geputzt werden müssen oder wann das Sofa wieder von Hundehaaren befreit werden muss. Spätestens, wenn die Wolldecke nicht mehr von der Ansammlung an Haaren zu unterscheiden ist und es auch bei gutem Wetter durch die Scheibe so aussieht, als würde jeden Augenblick ein graues Gewitter heranziehen, wird es deinem Partner dämmern. Und wenn er sich dann seiner Aufgabe widmet, lass ihn machen. Es ist seine Aufgabe, nur seine.

Sicher weißt du noch, wie es sich früher angefühlt hat, wenn der Lehrer einem bei Klausuren über die Schulter gesehen hat. Auf einmal setzen die Gedanken aus, du fühlst dich beobachtet und deine Hand hat vergessen, wie man schreibt. So verharrst du dann da im absoluten Nichtstun, bis Herr Lehrer sich wieder verkrümelt hat. Worauf ich damit hinaus will, ist, dass du deinem Partner beim Erledigen seiner neuen Aufgaben Freiraum geben musst. Ihn ständig dabei zu beobachten und im Anschluss vielleicht sogar noch zu korrigieren, raubt ihm schnell den Spaß an seiner Arbeit. Noch schlimmer: Du mutierst zu seiner Chefin, für die er arbeitet.

Dir ist damit zu allem Überfluss auch wenig geholfen, wenn du ständig das Gefühl hast, du musst einen Überblick darüber haben, was dein Mann schon erledigt hat und was noch nicht.

Lerne also, andere Arbeitsweisen zu akzeptieren, die nicht deiner persönlichen Art und Weise entsprechen. Wenn du ständig überall nacharbeitest, nur weil du es vorher anders gemacht hast, hättest du es schließlich auch genauso gut von vornherein selbst erledigen können.

Natürlich spricht nichts dagegen, ihm Tipps zu geben. Diese sollten sich aber niemals so anhören, als würdest du zu ihm herabsehen. Sätze à la: »Du hast dieses schon wieder falsch gemacht und jenes vergessen«, sind völlig fehl am Platz und zudem demotivierend. Besser wäre es, freundliche Tipps auf Augenhöhe zu geben, mit denen dein Partner auch arbeiten kann. »Sieh mal, der blaue Beutel passt viel besser in die Tonne als der grüne, dann musst du dich das nächste Mal auch nicht so damit abmühen«, klingt da schon eher nach einem gut gemeinten Rat.

Versuche aber dennoch, mit den Verbesserungsvorschlägen nicht zu übertreiben, wenn es nicht unbedingt nötig ist. Wenn dein Mann beispielsweise erst wischt und dann saugt, lass ihn. Der Boden wird trotzdem sauber, es bedeutet eben nur mehr Arbeit für ihn. Die Hauptsache ist aber doch, dass das Endergebnis stimmt.

KAPITEL 6

Raus aus der Frust-Falle

Nachdem du bis hierher gelesen hast, weißt du jetzt wahrscheinlich schon etwas genauer, wie du deine ständige Müdigkeit und dieses anstrengende, ausgebrannte Gefühl deuten kannst. Im besten Fall kannst du dir auch schon selbst eingestehen, dass dieser Zustand nicht so bleiben kann, und du suchst bereits nach Lösungen.

Das Ziel aller Lösungsansätze ist es, das Geschehen in deinem Kopf transparenter darzustellen. Es soll sich also nicht mehr hinter geschlossenen Mauern – beziehungsweise hinter deiner Stirn – abspielen, sondern für jeden klar ersichtlich sein. Sobald du es so weit geschafft hast, kommt das Verständnis, und die Wertschätzung für das, was du tust, von ganz allein. Es wird also Zeit, deinen Gedanken Luft zu machen.

Wieder verzichten lernen

Es gibt da so einen kleinen Kasperle in unseren Köpfen und dieser nennt sich Perfektionismus. Er zwingt uns dazu, so lange an einer Aufgabe herumzudoktern, bis wir zu 100 % zufrieden sind. Und selbst dann findet er immer wieder etwas, was noch verbessert werden könnte. Er gibt uns ständig das Gefühl, dass das, was wir machen, einfach nicht genug ist – und dabei ist es egal, ob wir gefühlt 24 Stunden am Tag damit zubringen oder nur eine. Du kannst 110 % geben und doch findet sich jemand, der daran etwas auszusetzen hat. Dieser Jemand bist du selbst. Perfektionismus erzeugt in dir einen unglaublichen inneren Druck – der eigentlich überhaupt nicht sein muss.

Den Haushalt immer perfekt auf die Reihe kriegen zu wollen, sich nebenher die besten Kinder der Welt zu erziehen und – als wäre das nicht schon genug – noch eine perfekte Partnerschaft führen zu wollen, ist einfach unmöglich. Vor allem, wenn du dabei noch Wert auf dein psychisches Wohlergehen legst. Es gibt keine perfekten Familien. Höchstens in Filmen und Serien. Aber auch die noch so perfekt wirkenden Familien haben ihre Macken. Diese tragen sie natürlich nicht in die Außenwelt und prahlen damit, dass im Haushalt momentan mal wieder gar nichts klappt und der Haussegen schon seit Wochen schief hängt. Gezeigt wird nur das, was auch gezeigt werden soll. Nimm dir also einen mentalen Baseballschläger zur Hand und schlage dir das Wort »perfekt« ein für alle Mal aus deinem Kopf. Mit deiner ganzen Kraft. Es hat nun Hausverbot auf Lebenszeit.

Ich kann sehr gut nachvollziehen, dass das vermutlich nicht von jetzt auf gleich passiert. Schließlich wollte ich jahrelang auch die perfekte Mutti, Haus- und Ehefrau auf einmal sein. Bis mir irgendwann klar wurde, dass ich damit im Prinzip nur meine Energie verschwende. Was habe ich denn davon? Mich abzurackern und so zu tun, als wäre es überhaupt kein Problem für mich, nach einem, mit Hausarbeit und Kindererziehung gefüllten Tag, noch dafür zu sorgen, dass es meinem Partner an nichts fehlt? Richtig, gar nichts. Obwohl, das ist nicht ganz wahr. Ich hatte was davon: Kopfschmerzen, dauerhafte Müdigkeit und eine ständige innere Unruhe. Außerdem hat dieser permanente Drang nach Perfektion dazu geführt, dass ich nur schlecht irgendwelche Aufgaben abgeben konnte. Als mein Partner mir zum Beispiel mal gut gemeint unter die Arme greifen wollte und sich um die Wäsche gekümmert hat, sah mein »perfektionistisches Ich« keine Arbeitserleichterung, sondern nur noch mehr Arbeit. Die Jeans hätte nicht in den Trockner gedurft, die T-Shirts waren nicht richtig gefaltet und sowieso war der Kleiderschrank komplett falsch eingeräumt. Anstatt mich also für getane Arbeit zu bedanken, fragte ich mich, ob ich die T-Shirts jetzt noch mal extra Bügeln muss, um diese unschönen Knicke von der falschen Falttechnik herauszubekommen. »Danke, dass du versucht hast, die Wäsche zu machen. Beim nächsten Mal mache ich sie dann aber doch lieber wieder selbst.« Im Nachhinein fiel mir auf, dass das vielleicht ein wenig gemein und auf jeden Fall sehr entmutigend für meinen Mann gewesen sein musste.

»Na ja, wer nicht will, der hat schon. Das wird er schon verstehen. Und das bisschen Wäsche kann ich wirklich besser selbst machen, anstatt mich nachher zu ärgern.« Dachte ich zumindest. Ich wollte lieber perfekt sein, als Hilfe anzunehmen. Dass dies zu einer mentalen Achterbahnfahrt wird, war mir zu dem Augenblick noch nicht klar.

Einfach mal nicht machen

Weißt du noch, als es dir am Allerwertesten vorbeigegangen ist, wenn das Klopapier mal nicht aufgefüllt war, der Müll noch nicht rausgebracht wurde oder der achtlos im Flur abgelegte Turnbeutel noch von dir selbst, anstatt von deinem Kind kam? Wir alle hatten mal diese eine, wunderbare Fähigkeit. Doch leider haben die meisten von uns sie spätestens dann verlernt, als es in die eigenen vier Wände ging. Diese Fähigkeit nennt sich Drüber-Hinwegsehen. Klar, damals wussten wir: Was wir nicht tun, wird im Laufe der Zeit jemand anderes für uns erledigen. Aber auch in der Zeit, wo du über deinen Turnbeutel im Flur gestolpert bist, hat der dich nicht wirklich gestört, oder?

Es muss nicht immer alles erledigt sein

Das innere Gefühl, ständig alles kontrollieren zu müssen, kann einen schnell wahnsinnig machen. So richtig wahnsinnig. Ich konnte zum Beispiel früher nicht einmal ruhig einschlafen, wenn ich wusste, dass noch Geschirr im Wohnzimmer steht, was eigentlich in die Spülmaschine gehört. Oder dass noch Wäsche im Keller hängt, die schon seit Stunden trocken ist. Ich wollte stets alles erledigt haben, bevor ich mich ins Bett legte. Dies führte dazu, dass ich quasi nie abschalten konnte und ständig das Gefühl hatte, dieses und jenes noch schnell erledigen zu müssen. Feierabend war lange Zeit ein Fremdwort für mich.

Irgendwann kam ich aber nicht mehr daran vorbei, mir selbst folgenden Frage zu stellen: Warum mache ich das alles? Und warum ist es mir so wichtig, immer alles erledigt zu haben? Dass die Welt nicht untergeht, wenn ich mal das Geschirr über Nacht stehen lasse, war mir unterbewusst natürlich klar. Doch trotzdem machte mich der Gedanke an unerledigte Aufgaben nervös. Selbst, wenn es sich dabei nur um die kleinsten Kleinigkeiten handelte. Ich fragte mich, was wohl passieren würde, wenn ich ein paar Dinge einfach mal links liegen lasse.

Es hört sich zwar leicht an, Dinge einfach mal nicht zu tun, in der Realität sieht das aber leider oft anders aus. Dort musst du nämlich auch mit den ungewohnten »Konsequenzen« leben, die das Nichtstun eben mit sich bringt. Dazu gehört neben einer eventuell nicht ganz so präsentablen Wohnung auch der ein oder andere Abstrich. Behalte dabei deshalb einfach im Hinterkopf, dass du dieses Nichtstun für dich selbst machst. Der Geheimtipp das Ganze auch lange durchzuhalten ist es, klein anzufangen. Winzig klein.

Lasse Häppchen für deinen Partner übrig

Wechselst du die Klopapierrolle beispielsweise mal nicht, wird dein Mann es auf kurze oder lange Sicht tun. Und genau so eine scheinbar winzige Aufgabe für dich, ist hier der perfekte Einstieg. Vielleicht mag es dir ungewohnt vorkommen, das letzte Blatt zu nehmen, und trotz jedem innerlich verankerten Automatismus die Rolle nicht sofort auszutauschen.

In diesem Fall lohnt es sich erst recht, wenn du dich dagegen sträubst. Denn eine Sache kann ich dir versprechen: Auch dein Mann wird früher oder später aufs stille Örtchen müssen. Und wenn kein Papier mehr griffbereit ist, wird er derjenige sein, der die Rolle austauscht. Für ihn ist das keine große Sache, aber du bekommst durch solche kleinen Verzichte im Haushalt einen ganz neuen Blick. Denn du wirst sehen: Es geht auch, wenn du es nicht tust. Sogar, wenn es sich ungewohnt und falsch anfühlt und das Wechseln der Rolle für dich nur drei Sekunden in Anspruch genommen hätte. Dein Mann lernt, diese Aufgaben auch mal zu übernehmen, und du lernst, diese Aufgaben abgeben zu können. Gerade um diesen letzten Aspekt geht es bei der ganzen Geschichte auch. Klar ist es ein netter Nebeneffekt, dass du deine Aufgaben ohne etwas zu sagen abgeben kannst und sie übernommen werden. In erster Linie geht es aber darum, dass du mit dir selbst auch dann im Reinen bist, wenn mal nicht alles erledigt ist. Lasse häppchenweise ein paar Aufgaben für deinen Partner liegen und schau zu, was passiert. Ob es nun die Klorolle, der Kaffeefilter in der Maschine oder der riesige Wäscheberg im Bad ist, spielt dabei keine Rolle.

Aber Vorsicht! Mach dir bitte nicht zu große Hoffnungen, dass es sofort auffällt, wenn du mal etwas nicht machst. Eventuell wirst du dich mehr oder weniger lange gedulden müssen, bis dein Partner die Aufgaben übernimmt. Was für dich schon dreckig wirkt, sieht in seinen Augen möglicherweise noch strahlend sauber aus. So ein Lernprozess ist von Person zu Person sehr individuell. Genau wie du dich in einer unbestimmten Zeit an dein neues Mindset gewöhnen wirst, wird es auch dein Partner. Wo der eine Hausherr beispielsweise gefühlt wochenlang über den Müll hinwegsehen kann, wird der andere es nicht einen Tag aushalten, wenn nach dem Kochen nicht sofort alles abgespült wird.

Das Gute und Einfache daran ist, dass du für diese Übung nicht einmal wirklich den Mund aufmachen brauchst. Du machst nichts – und du sagst auch nichts dazu. Denn aus Erlebnissen lernt es sich schneller als aus Worten. Sollte er dann feststellen, dass akuter Handlungsbedarf besteht, wird er die Dinge selbst in die Hand nehmen (müssen).

Durchhaltevermögen trainieren

Nun geht es bloß noch darum, stark zu bleiben. Denn wie schon gesagt: Euer Haushalt wird in dieser Zeit eventuell ein wenig mehr leiden, als üblich. Vor allem, weil man(n) erst einmal verstehen muss, dass sich nicht alles wie gewohnt von selbst erledigt. Bis es Klick macht, kann es wie gesagt dauern. Und bis dahin musst du eben den Anblick von Krümeln, Geschirr und einer leeren Toilettenpapierrolle ertragen. Diese scheinbaren Kleinigkeiten wären schnell für dich zu erledigen. Wahrscheinlich stellt das Ausharren sogar noch eine größere innerliche Aufgabe für dich dar, als es einfach zu erledigen. Kein Wunder also, dass die Versuchung groß ist, es eben schnell selbst zu machen. Aber sieh es auch mal so: Sind diese Krümel wirklich so störend, dass sie keine weitere Minute mehr in eurer Küche verweilen können? Die meisten liegengelassenen Tätigkeiten stürzen eure Wohnung nicht gleich ins Chaos, sondern liefern dir höchstens einen ungewohnten Anblick. Aber wie ich so gerne und oft betone, ist ungewohnt nicht gleich schlecht, sondern lediglich anders.

Auch mal Nein sagen

Zum Nicht-machen gehört auch, einfach mal »Nein« zu etwas sagen zu können. Du hast dich von dem Wort perfekt verabschiedet, jetzt folgt, sich vom »Ja« sagen zu verabschieden.

Oft ist es schließlich so: Wir bürden uns ohne Ende irgendwelche Aufgaben auf, um anderen einen Gefallen zu tun. Aber warum fällt es uns so schwer, »Nein« zu sagen? Eines unser Bedenken ist häufig, dass wir nicht mehr gemocht werden, wenn wir mal eine Bitte ausschlagen. Jeder möchte gerne als nett und hilfsbereit wahrgenommen werden. Mit Sicherheit wird auch nicht jeder Bittende so erfreut reagieren, wenn wir ihm den Gefallen mal nicht tun.

Je nach Person gehen wir Konflikten unterschiedlich stark aus dem Weg. So eine ausgeschlagene Bitte kann allerdings nicht selten schon Anlass genug für eine Streitigkeit sein. Kein Wunder also, dass wir uns lieber zu viel aufbürden, als unsere zwischenmenschlichen Beziehungen zu gefährden. Leider ist dieses Verhalten aber alles andere als gesund, weshalb man auch mal in den sauren Apfel beißen sollte.

Hast du zum Beispiel keine Lust auf die Rolle als Elternratsvorsitzende im Kindergarten, dann steh dazu und nimm das Amt nicht an. Aus purer Nettigkeit »Ja« zu sagen, wird dich am Ende noch viel unglücklicher machen, als die eventuell unangenehme Stimmung nach einem »Nein«.

Stelle dir also ab sofort jedes Mal, wenn du eine Aufgabe übernehmen sollst, zum Kaffee eingeladen oder einfach nur um einen Gefallen gebeten wirst, folgende Fragen: Habe ich Zeit und Energie dafür? Habe ich Lust dazu? Ist das wirklich notwendig?

Du musst auch nicht immer sofort mit »Ja« oder »Nein« antworten, nimm dir lieber einen Moment mehr Zeit zum Nachdenken, als einen zu wenig. Du bist kein schlechter Mensch, nur weil du mal nicht für jeden allzeit bereit stehst. Daher kannst du es dir ruhig ein wenig öfter erlauben, Dinge, um die dich andere gebeten haben, abzusagen oder sein zu lassen.

»Nein« zu sagen zeigt sehr schnell seine positiven Effekte in Form von Ausgeglichenheit, Gelassenheit und natürlich mehr Zeit. Vor allem wenn du in der Vergangenheit viel auf dich genommen hast, wird es nicht lange dauern, bis du diese Wirkung spüren kannst.

Inventur im Familienunternehmen – was gibt es zu tun?

Jedes Jahr machen Supermärkte und Großhändler die Inventur. Es wird überprüft und festgestellt, was alles im Lager ist. So eine Bestandsaufnahme ist unerlässlich, um die weitere Zukunft des Unternehmens zu planen. Da eure Familie im übertragenen Sinne ebenfalls ein kleines Unternehmen ist, sollte auch hier ab und an eine ausführliche Bestandsaufnahme gemacht werden. Der einzige Unterschied ist, dass es sich hierbei nicht um einzelne Artikel, sondern um Aufgaben und Tätigkeiten rund um den Familienalltag handelt. Was fällt täglich an? Was wöchentlich? Was muss nur unregelmäßig erledigt werden und was einmal im Monat? Da alle diese Aufgaben über die Zeit zur Routine geworden sind, nehmen wir sie gar nicht mehr als solche wahr. Wir tun es einfach, weil wir das schon immer so gemacht haben. Dabei geht die eine Tätigkeit nahtlos in die nächste über. Da kann es schon mal vorkommen, dass man eigentlich nur die Wäsche im Garten aufhängen wollte, aber schlussendlich mit Waschlappen und weinendem

Kind im Badezimmer sitzt und versucht, Sand aus seinen Augen zu wischen. Was in der Zwischenzeit passiert ist, ist verschwommen. Denn wir sind auf Autopilot.

Daher ist es leider auch gar nicht so einfach, alle anstehenden Tätigkeiten und Aufgaben voneinander zu differenzieren und genauestens aufzulisten. Vor allem dann nicht, wenn du samt Tee und Partner am Küchentisch sitzt und versuchst, krampfhaft an alles zu denken. Spätestens am nächsten Tag erwischst du dich dann meistens beim Erledigen einer Tätigkeit, auf die du am Vortag gar nicht gekommen bist. Versuch es deshalb einmal so: schreibe im Laufe der Woche alles auf, was du erledigst. Einkaufen, die Vitrine vom Staub befreien, das Kind zum Kindergarten bringen, verschiedene Gerichte fürs Abendessen heraussuchen, die bestenfalls alle mögen, Pflanzen gießen, die Hemden zur Reinigung bringen, das Abholen des Kindes vom Kindergeburtstag und die vorherige Besorgung eines passenden Geschenks. Jede noch so kleine Aufgabe hat einen Platz auf deiner Auflistung verdient. Es kann gut sein, dass du erstaunt bist, wenn du am Ende der Woche einen Blick auf diese Liste wirfst. »Was? Das habe ich alles innerhalb von einer Woche geschafft?« Du wusstest zwar bestimmt schon immer, dass die Aufgaben da sind, aber jetzt, wo du sie so auf einen Blick siehst, wird dir erst so richtig bewusst, wie viel du eigentlich regelmäßig schaffst.

Auch dazu habe ich noch eine kleine Gedankenanregung aus meinem Leben, die ich dir nicht vorenthalten will: Ich habe vor wenigen Wochen meinen Kleiderschrank aussortiert. Bitte nicht falsch verstehen, ich bin alles andere als ein Modepüppchen, aber über die Jahre hat sich doch das ein oder andere Teil bei mir angesammelt.

Darunter sicherlich auch Blusen und Jeans, die einsam unter den anderen Klamotten vergraben waren und die zum letzten Mal vor über einem Jahr an das Tageslicht gekommen sind. Ich beschloss also, auszumisten. Und zwar so richtig. In meinem Aufräumwahn schmiss ich jedes Kleidungsstück einfach sorglos auf das Bett hinter mir, bis fast der ganze Schrank leer war. Als ich mich dann schlussendlich umdrehte, habe ich mich richtig erschrocken. Ich stand dort vor einem Mount Everest an Klamotten. Neben meinen Lieblingsstücken blickte ich auch auf Teile, deren Existenz ich bereits völlig vergessen hatte. Nie im Leben hätte ich gedacht, dass ich so viel Kleidung besitze. In diesem Moment fragte ich mich, wie zur Hölle ich all das jemals Tragen sollte. So viele Anlässe könnte es gar nicht geben. Also machte ich mich erneut ans Werk, trennte die Spreu vom Weizen, putzte den Schrank aus und wieder einziehen durften nur die Sachen, die ich auch wirklich trage. Worauf ich damit hinaus will, ist, dass man oft gar nicht richtig weiß, wie viel man hat. Das kann sich nun auf einen Kleiderschrank beziehen, aber eben genauso auch auf Aufgaben. Solange man sich keinen klaren Überblick verschafft, wird man nie genau wissen, wie viel da wirklich zustande kommt.

Natürlich gibt es auch immer mal wieder Aufgaben, mit denen im Vorfeld keiner rechnen konnte. Dazu gehören Dinge wie der dringende Kinderarzttermin, wenn der Kleine morgens mit Fieber aufwacht oder die Spülmaschine, die mal wieder genau dann ihren Geist aufgibt, wenn sich das Geschirr sowieso schon in der Spüle stapelt. Neben dem Anruf beim Elektriker oder Klempner kann man dann gut und gerne einige Zeit länger einplanen, um alles per Hand zu spülen.

So etwas passiert immer wieder, ist aber leider nicht planbar und sollte daher auch nicht auf deiner täglichen To-do-Liste berücksichtigt werden. Hier bietet es sich an, einfach spontan zu überlegen, bei wem die Aufgabe gerade besser in den Tag passt. Trotz der ganzen Planung hat ein bisschen Spontanität im Alltag ja durchaus auch was für sich.

Zeitaufwand verdeutlichen

Alle mühsam zusammengetragenen Aufgaben kosten ihre Zeit. Und zwar oft mehr, als du einplanen würdest. Wäsche in 15 Minuten? Traumvorstellung. Denn Waschen ist eben nicht nur Waschen, sondern nach Farbe und Temperatur sortieren, das richtige Waschmittel für die Ladung zusammenstellen und natürlich das Aufhängen oder der Trockengang. Anschließend folgt dann das Bügeln, Falten und Wieder-in-den-Schrank-räumen. Aus den angepeilten 15 Minuten wird dann gut und gerne eine Stunde – bei einem massiven Wäscheberg und mehreren Maschinen auch mal deutlich mehr.

Auch wenn diese Erkenntnis für dich vermutlich wenig überraschend kommt, solltest du sichergehen, dass dies auch deinem Partner bewusst ist. Es ist nämlich enorm wichtig, dass ihr beide den jeweiligen Zeitbedarf pro Tätigkeit kennt. Wenn du also für die Wäsche eine Stunde anstatt bloß 15 Minuten einplanst, darfst du bei der entsprechenden Erklärung gerne etwas genauer ins Detail gehen.

Genau wie die Wäsche nimmt vieles mehr Zeit ein, als man vielleicht dafür eingeplant hätte. Bei einem Arzttermin mit dem Sohnemann zum Beispiel, kann man nie genau wissen, wie lange es am Ende tatsächlich dauert. Du kennst das sicher auch: Man hockt trotz Termin noch eine gefühlte Ewigkeit im Wartezimmer und versucht krampfhaft, das quengelnde Kind bei Laune zu halten. Im Schneckentempo werden die Patienten um einen herum aufgerufen und sogar die Menschen, die nach euch gekommen sind, scheinen eher dranzukommen. Und nachdem ihr dann doch endlich im Behandlungszimmer wart, darf natürlich der Gang in die überfüllte Apotheke nicht fehlen, um »noch schnell« das verschriebene Medikament abzuholen.

Im Gegenzug kann es aber natürlich durchaus auch mal vorkommen, dass du für ein paar Aufgaben viel weniger Zeit brauchst, als du denkst. Wenn du beim Frühjahrsputz zum Beispiel so richtig im Flow bist, geht dieser plötzlich viel schneller, denn du brauchst dich nicht für jeden Raum erneut motivieren.

Vertraue bei der Einschätzung nach Zeit einfach auf deine Erfahrungswerte und auf dein Gefühl. Es muss nicht zu 100 % genau sein. Solange eine grobe Aufteilung nach Zeitaufwand möglich ist, reicht das schon vollkommen aus. Sollte es dir schwerfallen einzuschätzen, wie viel Zeit eine gewisse Aufgabe rund ums Kind oder im Haushalt einnimmt, mach es dir leicht. Nimm dein Handy und stelle dir einfach mal eine Stoppuhr. Oft versinkt man am Tag nämlich so sehr in seinem Arbeitsflow, dass man die Zeit total vergisst. Damit es am Ende keine ungerechte Aufgabenteilung gibt, ist es sinnvoll, die Aufgaben in drei Kategorien einzuteilen: schnell zu erledigen, mittlerer Zeitaufwand und sehr zeitaufwendig.

Achtet bei der Aufteilung zudem darauf, dass es jemanden, der das bisher noch nie gemacht hat, am Anfang mehr Zeit kostet, sich um diese Dinge zu kümmern. Wo du also mit flinker Hand die Wäsche sortierst und genau weißt, welche Farbnuancen zusammen in die Maschine dürfen, wird dein Partner dafür anfangs vermutlich ein wenig mehr Zeit investieren müssen. Das ist aber auch vollkommen in Ordnung, schließlich ist noch kein Meister vom Himmel gefallen.

Wichtig ist nur, dass euch beiden dieses von vornherein klar ist, damit sich keiner benachteiligt oder gar ungerecht behandelt fühlt. Plant deshalb also gerade zu Beginn eine gewisse »Lernzeit« mit ein. Je öfter er seine Aufgaben erledigt und verinnerlicht, umso schneller wird auch er ein Händchen dafür bekommen.

Aufgabenverteilung – wer macht was?

Sobald die Aufgabenliste angefertigt ist, könnt ihr sofort mit der gerechten Aufteilung beginnen. Wer übernimmt die Essensplanung? Kümmerst du dich weiterhin um die Wäsche oder übernimmt dein Partner zukünftig diese Aufgabe? Und wollt ihr euch wöchentlich abwechseln, wenn es darum geht, den Nachwuchs zum Kindergarten zu bringen und wieder abzuholen?

Das Aufteilen der Aufgaben

Auch wenn die Vorstellung verlockend ist, solltest du bei der Aufgabenverteilung allerdings nicht einfach alle deine unliebsamen Aufgaben auf deinen Partner abwälzen. Nach dem Motto »Ich putze nicht so gerne das Bad, also machst du das jetzt«, sollte es also nicht laufen. Stattdessen solltet ihr euch vielmehr an euren individuellen Stärken und Interessen orientieren. Wo manch einer lieber jeden Grashalm einzeln mit der Nagelschere schneidet, anstatt zu kochen, ist für andere das Kochen ein Hobby und sogar eine echte Bereicherung. Schaut also gemeinsam, wem welche Aufgabenbereiche besser liegen und zu wessen Tagesplanung diese am besten passen. Wenn der Kindergarten beispielsweise auf dem Weg zu deiner Arbeit liegt, ist es nur sinnvoll, dass du euer Kind auch dort hinbringst. Sollte dein Partner gerne kochen, lasse ihn das machen und freue dich am Abend auf eine leckere, warme Mahlzeit.

Eine gute Möglichkeit, um sicherzustellen, dass die Aufgabenverteilung so gerecht wie möglich verläuft, ist es, sich beim Aussuchen abwechseln. Das heißt, dass erst dein Partner eine Aufgabe wählt, die er übernehmen möchte, dann du, dann wieder dein Partner, und so weiter. Das Spielchen macht ihr so lange, bis alle Aufgaben verteilt sind. Natürlich sollten diese vorab ungefähr nach Zeitaufwand sortiert worden sein. Kochen, Geburtstage planen und Einkaufen nimmt zum Beispiel wesentlich mehr Zeit in Anspruch, als das wöchentliche Blumengießen (gut, es sei denn ihr habt einen hauseigenen Urwald), Oberflächen entstauben und Klo putzen.

Irgendwann solltet ihr dann eine grobe Aufteilung in der Hand haben. Die Betonung auf grob ist mir wichtig, da es immer mal zu Unregelmäßigkeiten kommen kann und man als Familie flexibel bleiben muss. Wenn dein Partner also diese Woche ein Geschäftsessen hat, übernimmst du an dem Abend eben mal seine Aufgaben. Dafür darfst du im Gegenzug dann aber auch davon ausgehen, dass du deine Freizeit bekommst, wenn bei dir mal was ansteht. Solange es im Großen und Ganzen ausgeglichen bleibt, ist alles im grünen Bereich.

Bevor ihr nun loslegt, gilt es nur noch eure jeweiligen Schmerzgrenzen abzustecken. Damit meine ich, dass ihr genau abklärt, wann etwas erledigt werden muss. Bis wann soll das Essen auf dem Tisch stehen? Wie dreckig darf das Fenster werden, bevor man zum

Putzlappen greift? Und wie groß darf der Geschirrhaufen sein? Jeder von euch wird unterschiedliche Grenzen haben und daher ist es wichtig, sich vorab auf einen Mittelweg zu einigen. Andernfalls könnte man schnell unterstellen, der andere würde seine Aufgaben vernachlässigen – wobei in Wahrheit nur seine persönliche Schmerzgrenze höher liegt als die eigene. Mit jeder Aufgabe, die du an deinen Partner abgibst, teilst du auch die dazugehörige Verantwortung. Gerade das kann am Anfang schwer sein – ist aber gleichzeitig genau der Aspekt, der dir in Zukunft die meiste Last von den Schultern nimmt. Vor allem dann, wenn du deinem Partner nach einiger Zeit immer mehr zutraust und dir nicht ständig einen Kopf darüber machen musst, ob dieses oder jenes nun auch zur rechten Zeit erledigt wird.

Wundermittel Haushaltsplan

Um einen klaren Überblick über alle Aufgaben zu bekommen, kann ein Haushaltsplan wahre Wunder wirken. Das Wort wirkt zugegebenermaßen etwas dröge und abschreckend, kann richtig angewandt aber genau das sein, was ihr braucht. So ein Plan bietet eine gute Zusammenfassung über alles, was schon erledigt wurde und was noch ansteht – und somit ein Stück weit Sicherheit. Der Plan kann von eurem Sprössling verziert und anschließend gut sichtbar in eurer Wohnung aufgehängt werden. Neben der guten Übersicht macht es übrigens auch noch Spaß – mir zumindest – nach getaner Arbeit die

Aufgaben dick und fett abzuhaken oder durchzustreichen. Es ist wirklich ein tolles Gefühl, abends auf diese Liste zu blicken und zu sehen, dass man alles geschafft hat, was man schaffen wollte. Ich bin bei so einem Anblick jedes Mal aufs Neue ein bisschen stolz auf mich. Und natürlich auch auf meinen Partner.

Da jeder von euch ganz offen die Tätigkeiten des anderen einsehen kann, bekommt ihr nämlich auch ein Gefühl dafür, wie viel der andere an diesem Tag geleistet hat. Das hilft dabei, gegenseitige Wertschätzung aufzubauen. Einer der Grundsteine eines funktionierenden Familienlebens. Mehr zum Thema Wertschätzung findest du übrigens in Kapitel 7 dieses Buches.

Das Kind in den Haushalt miteinbeziehen

Je nach Alter eures Kindes könnt ihr dieses natürlich hier und da auch mit in den Haushalt einbeziehen. Die wenigsten wissen, dass die Mithilfe von Kindern im Haushalt in Deutschland sogar gesetzlich geregelt ist. In § 1619 des Bürgerlichen Gesetzbuch heißt es: »Das Kind ist, solange es dem elterlichen Hausstand angehört und von den Eltern erzogen oder unterhalten wird, verpflichtet, in einer seinen Kräften und seiner Lebensstellung entsprechenden Weise den Eltern in ihrem Hauswesen und Geschäft Dienste zu leisten[2].«

Neben einer kleinen Beschäftigung lehrt es dem Kind vor allem, schon früh Verantwortung zu übernehmen. Darüber hinaus zeigt ihr eurem Kind, dass ihr ihm etwas zutraut. Viele Kinder sind sehr stolz auf sich, wenn sie den Eltern bei »Erwachsenenarbeiten« helfen dürfen. Damit meine ich natürlich nicht, dass ihr eurem dreijährigen Kind das Bügeleisen in die Hand drückt und Papas Hemden in die Reinigung bringen lasst. Vielmehr sollte es sich um kleine, leicht zu bewältigende Aufgaben handeln. Gerade am Anfang. Nach dem Essen den Teller in die Spülmaschine zu stellen, reicht da schon völlig aus.

Mit dem Alter können dann auch die Verantwortung und Aufgabenbereiche eures Kindes langsam zunehmen. Selbstverständlich sollte Schule und Freizeit bei Kindern aber immer an erster Stelle stehen. Dennoch, das eigene Zimmer aufräumen und das eigene Bett beziehen, mal die Spülmaschine ausräumen oder die Wäsche vorsortieren, sind alles Aufgaben, die ihr eurem Kind mit der Zeit durchaus zumuten könnt. Positiver Nebeneffekt: Dadurch, dass es schon von klein auf gewohnt ist, ein wenig mit anzupacken, wird es auch weniger meckern, wenn es dann mal an die größeren Aufgaben geht.

Am allerbesten ist es natürlich, wenn euer Kind euch nicht erst auf Nachfrage zuarbeitet, sondern früher oder später von selbst lernt, die anstehenden Aufgaben zu erkennen. So wird ihm von Kindesalter an klar, dass der Haushalt und die Familienarbeit eine Menge Denkarbeit mit sich bringt – sowohl für den Mann, als auch für die Frau. Damit vermittelt ihr ganz nebenbei wichtige Werte, die euer Kind in Zukunft in sein eigenes Familienleben mit einfließen lassen kann.

Aus der Vergangenheit lernen

Von der einen abgeschlossenen Aufgabe zur nächsten hetzen, vom Kindergarten zum Einkaufen sprinten und vom Eben-noch-schnell-durchwischen zur Gassirunde mit dem Hund: Alles muss erledigt werden und dabei gucken wir natürlich ständig nur nach vorn. Was steht als Nächstes an? Was muss noch gemacht werden? Unsere Gedanken kreisen beim Erledigen der einen Aufgabe bereits um die nächste.

Um eure neue Planung effektiv aufrechterhalten zu können, sind regelmäßige Gespräche unerlässlich. Nun seid ihr schließlich beide im Unternehmen Familie angestellt und jedem von euch gehören 50 % der Anteile. Seht diese regelmäßigen Gespräche also als eine Art Meeting oder Teambesprechung – denn ohne diese würde auch ein klassisches Unternehmen nicht weiter vorankommen.

Die richtige Gesprächsatmosphäre

In diesen Gesprächen soll es um die zukünftige Arbeitsaufteilung gehen, allerdings mit starkem Fokus auf eure Erfahrungen der Vergangenheit. Und einem mindestens genauso starken Fokus auf eine entspannte Gesprächsatmosphäre. Gerade dann, wenn es etwas Unangenehmes zu besprechen gibt. Gestaltet eure Zusammenkunft daher locker, aber dennoch sachlich. Das geht besonders dann gut, wenn ihr euch immer wieder vor Augen haltet, dass ihr gemeinsam an einem Strang zieht. Ihr beide wollt die Arbeitsteilung gerecht halten und wenn möglich auch weiterhin Spaß an der Sache haben. Kocht euch also einen warmen Kakao oder im Sommer einen schmackhaften Eistee und macht es euch gemütlich. Sobald ihr euch eine bequeme Gesprächsatmosphäre von Offenheit und Ehrlichkeit aufgebaut habt, ist das schon die halbe Miete.

Ich betone die entspannte Stimmung daher so sehr, weil so ein Gespräch sich schneller als man »Schokopudding« sagen kann, in eine seltsame, angespannte Situation transformieren kann. Und dabei spreche ich aus eigener Erfahrung.

Am Anfang hatte ich natürlich keinen Plan, wie so eine Gesprächsrunde abzulaufen hat. Ruhig und sachlich, klar. Aber wo zum Geier fängt man an? Schnell wurde mir klar, dass es nicht auf das Wo oder Was ankommt, sondern vielmehr auf das Wie. Der Ton macht also die Musik. »Du musst dies, du musst das, ...«. Wenn ich so anfing, schaltete mein Partner quasi automatisch auf Durchzug – rückblickend betrachtet auch völlig zurecht. Müssen tut er schließlich gar nichts, höchstens auf die Toilette, um sich meine Vorwürfe nicht weiterhin anhören zu müssen.

Ich spürte, dass er mir gar nicht mehr richtig zuhörte, und fing innerlich an zu brodeln. »Jetzt sitzen wir hier schon zusammen, dann hör mir doch gefälligst auch zu.« Darauf folgte ein fragendes Gesicht und in diesem Moment dämmerte es mir – ich spiele nun mit jemandem zusammen und dazu gehört eben auch eine Kommunikation auf Augenhöhe. Es ist alles andere als zielführend, wenn ich meinen Partner nur so mit Befehlen überhäufe und ständig und überall versuche, meinen Dickkopf durchzusetzen.

Ich atmete tief ein – und anschließend wieder aus. »Bitte entschuldige, ich fange noch mal von vorne an.« Ich erzählte also alles noch ein zweites Mal, diesmal allerdings ohne den herablassenden Befehlston. Und dabei stellte sich dann auch schnell heraus, dass mein Partner durchaus gewillt war, mich tatkräftig bei den täglichen Aufgaben zu unterstützen.

Wenn du also möchtest, dass dein Partner dir gerne zuhört und auch bereit ist, dir entgegenzukommen, achte darauf, wie du dich ausdrückst. »Ich würde mich freuen, wenn ich beim Planen des Kindergeburtstages ein bisschen Unterstützung bekomme, meinst du, das lässt sich einrichten?« Klar lässt sich das einrichten. Wer kann bei so einer lieben Frage schon »Nein« sagen?

Mit Kritik umgehen lernen

Sobald du das nötige Feingefühl verinnerlicht hast, kann es eigentlich auch schon losgehen. Jeder hat sicherlich etwas zum Gespräch beizutragen. Was hat gut geklappt in den letzten Wochen und was eher weniger? Jeder sollte ausreden dürfen. Jeder hört aktiv zu. Beide versuchen, einander zu verstehen, anstatt Punkte zu finden, durch die sie sich persönlich angegriffen fühlen können. Mit Kritik umzugehen, will schließlich gelernt sein. Aber überlege mal: Nichts ist wirklich persönlich gemeint. Wenn dein

Partner dir also sagt, dass er im Kühlschrank momentan nichts wiederfindet – wenn der Kühlschrank dein Aufgabenbereich ist – heißt das nicht, dass du Kritik fürs Einräumen bekommen hast und dich nun verteidigen musst. Es stört ihn ganz objektiv nur der Kühlschrank und nicht du. Vielleicht auch einfach nur aus dem Grund, weil er seinen Lieblingsaufschnitt letztens nicht auf Anhieb gefunden hat. Versuche stattdessen, zu hinterfragen, was genau an deiner Ordnung für Verwirrung sorgt. Das wird dir helfen, deinen Partner zu verstehen. Auch, wenn das zugegebenermaßen ein eher banales Beispiel ist. Aber ich denke, du weißt, worauf ich damit hinaus will.

Kritik zu bekommen ist eher ein Geschenk als eine Strafe, denn daraus lernst du am meisten. Jeder Fehler, der in der Vergangenheit gemacht wurde, hat in der Zukunft die Chance, nicht mehr wiederholt zu werden. Aber um festzustellen, was richtig und was falsch ist, müssen diese Fehler erst einmal begangen werden. Je mehr Fehler ihr macht, umso mehr könnt ihr also lernen. Es ist an der Zeit, Fehlern und Kritik den faden Beigeschmack zu nehmen und die Fehlerkultur bei euch zu Hause zu leben. Schaffst du es nun, dir nicht alles so sehr zu Herzen zu nehmen, wirst du auch eventuelle Kritikpunkte problemlos annehmen können. Du möchtest ja auch, dass dein Partner dich versteht und nicht sofort alles auf sich bezieht und sich verteidigt. Beide sollten das Gefühl haben, etwaige Probleme offen ansprechen zu können. Ohne Angst vor Streitereien und einem Partner, der scheinbar alles absichtlich in den falschen Hals bekommt.

Dem Ärger Luft machen

Wie oft ärgerst du dich am Tag über Kleinigkeiten, sprichst diese aber nicht an? Du schluckst es einfach runter, weil es dir selbst lächerlich vorkommen würde, solche scheinbaren Belanglosigkeiten anzusprechen. Dieser Schuss geht allerdings schnell nach hinten los. Selbst, wenn es sich bloß um Kleinigkeiten handelt – wenn du deinem Ärger keine Luft machst, staut dieser sich in dir an. Stell es dir vor, wie eine Regentonne. Irgendwann ist auch diese durch die vielen winzigen Tröpfchen gefüllt. Sobald dann auch nur noch ein weiterer Tropfen in die Tonne fällt, läuft sie über. Schuld war aber nicht der letzte Tropfen an sich, sondern viel mehr alle vorherigen Tröpfchen, die sich bereits angestaut hatten.

Wenn es etwas gibt, was dir nicht passt, solltest du es also immer sofort anmerken. Dafür musst du dich auch nicht schämen oder rechtfertigen. Selbst dann nicht, wenn es sich bloß um eine liegengelassene Socke handelt. Auch dein Partner muss mit Kritik klarkommen und kann daraus lernen. Es ist wichtig, dass du deinen Ärger und deine Emotionen nicht in dich reinfrisst. Sonst reißt dir dein Geduldsfaden und du explodierst, sobald noch eine weitere Kleinigkeit das Fass, um bei unserem Beispiel zu bleiben, zum Überlaufen bringt.

Alles sofort anzusprechen heißt außerdem auch, dass du am Ende besser zuordnen kannst, woher dein Ärger überhaupt kommt. Je mehr Zeit vergeht und je mehr Dinge passieren, umso schneller vermengen sich die Gründe dafür in deinem Kopf zu einem schwer zu definierenden Knäuel. Dieses gedanklich wieder zu entwirren und dann auch noch dem Partner verständlich zu machen, kann ganz schön schwierig werden.

Mache deinem Ärger also lieber öfter, aber dafür kontrolliert, ein wenig Luft.

Kontinuierliches Anpassen und Verbessern

Gerade während der ersten Wochen, in dieser anfangs ungewohnten Arbeitsteilung, wird es noch viel zu besprechen und anzupassen geben. Zum Glück ist eure To-do-Liste aber nicht in Stein gemeißelt. So könnt ihr immer, wenn es sein muss, Aufgaben tauschen und an den anderen übertragen. Womöglich kommt dein Mann auch noch nicht mit allen von dir übertragenen Aufgaben auf einmal zurecht. Oder er muss sich erst einmal über einen längeren Zeitraum daran gewöhnen, mehr Verantwortung zu übernehmen. In dem Fall kannst du punkten, indem du dafür Verständnis zeigst.

Es ist zudem nicht auszuschließen, dass ihm ein spezielles Aufgabengebiet einfach nicht liegt. Sollte dir dieses Aufgabengebiet leichter fallen, kannst du es unter Umständen übernehmen und dafür vielleicht ein anderes abgeben. So hat nach mehreren gemeinsamen Gesprächen irgendwann jeder von euch genau die Aufgaben, die am besten zu ihm passen.

Lösungen finden

Natürlich treten im Haushalt und der Kindererziehung aber auch noch ganz andere Probleme auf. Auch hier gilt es dann wieder zu schauen: Was ist euer Problem? Wie habt ihr es in der Vergangenheit gelöst? Was müsst ihr besser oder anders machen, damit es in der Zukunft gar nicht erst wieder dazu kommt? Brainstorming ist erlaubt und erwünscht. Am Ende lasst ihr eure Ansätze miteinander verschmelzen und habt hoffentlich eine wunderbare Lösung für euer Problem. Und wenn diese Lösung doch nicht ganz so wunderbar klappen sollte, wie gedacht? Macht nichts! Dafür gibt es ja schließlich eure regelmäßigen Gespräche. Mit der Betonung auf regelmäßig, versteht sich.

Neben dem Ansprechen von Problemen ist es übrigens mindestens genauso wichtig, sich auch Zeit für Lob zu nehmen. Klappt etwas besonders gut, sollte auch dies zum Gesprächsthema werden. Daraus schöpft ihr die nötige Motivation, um immer weiter an euch zu arbeiten. Menschen, die gelobt werden, sind erwiesenermaßen leistungsfähiger. Der Blick auf die Dinge, die gut liefen, sollte also unter keinen Umständen zu knapp ausfallen. Auch in einer stressigen Woche, in der nichts zu klappen scheint, kann man sich dann immer wieder daran erinnern und neue Kraft daraus tanken.

Der Blick in die Vergangenheit garantiert konsequente Verbesserung eurer familieninternen Arbeitsabläufe. Und irgendwann – wenn auch noch nicht sofort – werdet ihr zu einem spitzen Team, was wie zwei Zahnräder ineinandergreift und das Familienleben reibungslos stemmen kann.

Die Kontrolle abgeben

Es kann sein, dass es dir nach der Aufgabenteilung erst einmal schwerfällt, abzuschalten. Du hast schließlich deine früheren Aufgaben und die dazugehörige Verantwortung an deinen Partner übertragen. Mit Kontrolle ist da jetzt nicht mehr viel. Du hast schließlich keinen Überblick darüber, was er schon alles gemacht hat und vor allem auf welche Art und Weise. Aber weißt du was? Das ist gar nicht schlimm. Selbst wenn er anstatt die Spülmaschine zu benutzen von Hand spülen oder das Kind jeden Tag auf dem Arm statt mit dem Auto zum Kindergarten bringen würde – die Aufgaben an sich wären erledigt. Außerdem kann man von links nach rechts wischen und von oben nach unten. Einen Unterschied gibt es dabei nicht. Wie lange er dafür braucht oder wie umständlich er sich das gestaltet, ist nicht dein Problem. Nichts, was nicht mehr deine eigene Aufgabe ist, ist jetzt noch dein Problem. Weder das Essen, das zwei Stunden länger als nötig gedauert hat, noch das Kind, das gegen seinen Mittagsschlaf demonstriert. Dafür habt ihr die Aufgaben ja schließlich aufgeteilt und damit das Ganze überhaupt einen positiven Effekt hat, musst du lernen, die Kontrolle abzugeben. Immer alles unter Kontrolle haben zu wollen kann echt ätzend sein und dir den letzten Seelenfrieden rauben. Vor allem dann, wenn du dich trotz Aufgabenteilung immer noch um die Bereiche deines Partners sorgst, diese selbst noch mal überprüfst, oder ständig das Gefühl hast, du müsstest nachbessern.

Leider ist es nicht so einfach, das Kontrollbedürfnis spielend wie einen Lichtschalter ein- und auszuschalten. Sobald wir versuchen, unser Bedürfnis nach Kontrolle zu kontrollieren, kontrollieren wir ja schließlich schon wieder etwas. Das ist ungefähr so, wie mit diesem einen verspannten Muskel im Nacken, der dich schon den ganzen Tag zur Weißglut treibt und jede Kopfbewegung nur mit größter Vorsicht ausführen lässt. Versuchst du nun, diesen Muskel bewusst zu entspannen, verspannt er sich noch mehr. Kein Wunder, du lenkst ja deine ganze Konzentration darauf. Wenn du stattdessen aber einfach weiter unbekümmert deinem Tagesablauf nachgehst, stellst du vielleicht irgendwann fest, dass dein Nacken gar nicht mehr verspannt ist. Wann das passiert ist? Keine Ahnung. Aber die Verspannung ist weg. Und genauso verhält es sich auch mit der Kontrolle. Je weniger du daran denkst und je mehr du loslässt, umso größer ist die Chance, dass du dir irgendwann gar nicht mehr so einen großen Kopf um alles machst.

Lass deinen Mann also einfach machen und entspanne dich nach getaner Arbeit. Mach dir keine Sorgen, wenn er zum Beispiel die Kinder ins Bett bringt und du bisher immer die Schlaflied-Sängerin gewesen bist. Schlafen werden sie so oder so – und Papas Geschichte vorm Einschlafen ist ja auch eine schöne Abwechslung. Du wirst sehen, dass alles so gut klappt wie vorher, auch wenn frau nicht alles selbst macht.

Den Fokus auf die wichtigen Dinge legen

Zum Wohle eines entspannten Familienalltags empfehle ich euch außerdem, gewisse Aufgaben auf eurer Liste zu priorisieren und andere sogar komplett zu streichen. Ganz genauso, wie bei mir im Kleiderschrank nur meine liebsten Sachen wieder Einzug halten durften.

Die Wohnung muss täglich gewischt werden, die Betten werden wöchentlich neu bezogen und bei jedem noch so kleinen Wäscheberg wird direkt eine Maschine angestellt? Hilfe! Wer hat denn dann noch Zeit für andere, wichtigere Erledigungen?

Wenn dir eure To-do-Liste wie eine Endlosliste vorkommt, ist es vermutlich an der Zeit, diese etwas zu kürzen. Gerne auch ein ganzes Stück zu kürzen, denn wenn ihr beide zu sehr in den kleinen Aufgaben des Tages versinkt, vergesst ihr vielleicht das Wesentliche. Das, worauf es wirklich ankommt: die Zeit für euch als Familie, die Zeit zum Spielen mit eurem Kind und nicht zuletzt die Zeit ganz für euch alleine. Ist das nicht viel wichtiger, als rund um die Uhr immer alles ordentlich und einwandfrei zu haben? Also streicht alles raus, was nicht unbedingt sein muss.

Wischen müsst ihr sicherlich nicht jeden Tag. Erfreut euch an einer niedrigeren Strom- und Wasserrechnung, wenn ihr erst dann wascht, wenn die Maschine auch voll ist. Und es ist in der Regel auch völlig ausreichend, wenn ihr die Bettwäsche nur alle 3 – 4 Wochen wechselt.

Ich weiß natürlich nicht, ob es dir genauso geht, aber ich liebe es, nach getaner Arbeit auch einen befriedigenden Unterschied wahrzunehmen. Wenn also alles konstant sauber und steril aussieht, nehme ich diesen Unterschied nie wahr – und widme mich daher auch eher widerwillig meinen Aufgaben. Erkennt man das Unkraut im Garten hingegen schon mit bloßem Auge, dann mache ich mich gerne an die Arbeit. Es wird gerupft und gezupft als gäbe es keinen Morgen und im Anschluss werde ich dafür belohnt: Mit diesem wunderbaren Vorher-Nachher Effekt, der mich noch nie enttäuscht hat. Genau diesen Effekt hat es bei mir auch, wenn ich sauge und höre, wie sich Krümel durch die metallene Saugröhre bewegen. Dann habe ich sofort das Gefühl, das Saugen hat sich gelohnt und bin auf eine ganz eigene, seltsame Art glücklich und zufrieden. Komisch, oder?

Also, lehne dich zurück. Die Welt geht nicht unter, nur weil du einige Aufgaben ein wenig länger herauszögerst oder von deinem Partner erledigen lässt. Bis diese Information vollständig in deinem Unterbewusstsein angekommen ist, kann es zwar eine Weile dauern, aber das Warten wird sich definitiv lohnen.

Hilfe im Haushalt holen

Du weißt jetzt, wie ihr die Haushaltstätigkeiten und Kindererziehung gerecht unter euch aufteilen könnt. Aber hast du es auch schon mal in Erwägung gezogen, manche Tätigkeiten einfach gar nicht mehr innerhalb der Familie zu verteilen? Als Zweifachmama verstehe ich sehr gut, wenn man vor lauter Drunter und Drüber zu Hause den Überblick verliert. Daher ist es auch gar nicht so abwegig, wenn ihr euch etwas Hilfe im Haushalt zulegt. Natürlich kommt es nicht für jeden infrage, eine Putzkraft in Vollzeit zu engagieren, doch sogar schon ein paar Stunden Hilfe pro Monat, können den Alltag ein ganzes Stück entschleunigen. So könnte eine Putzkraft zum Beispiel jede zweite Woche die Grundreinigung der Wohnung übernehmen. Im Idealfall baut ihr eine gute Vertrauensbasis zu der Putzhilfe auf, sodass sie auch dann kommen kann, wenn niemand zu Hause ist. So tretet ihr euch nicht gegenseitig bei den Arbeitsabläufen auf die Füße und könnt euch voll und ganz auf die eigenen Aufgaben konzentrieren.

Eine weitere Alternative wäre die Anschaffung eines Staubsaugerroboters. Dieser lässt sich kinderleicht programmieren und reinigt je nach Modell mehr oder weniger gut die gesamte Wohnung. Den Punkt »saugen« kannst du mit so einem kleinen Helferlein also fast komplett von der To-do-Liste streichen. Du musst nicht einmal mehr daran denken, da der intelligente Roboter sich so einstellen lässt, dass er immer automatisch zu den von euch gewünschten Zeiten saugt. Auf Dauer ist so ein »eigenständiger Staubsauger« zweifelsohne auch um einiges günstiger als eine Putzkraft, die stundenweise bezahlt werden möchte. Je nach Budget könnt ihr also schauen, welche Art von Hilfe am besten zu euch passt.

Selbstverständlich könnt ihr euch aber auch, außerhalb des bloßen Haushalts, Hilfe im Familienalltag holen. Im Internet gibt es zahlreiche Portale, wo Menschen für teilweise kleines Geld ihre Unterstützung bzw. Dienstleistungen anbieten. So kann der Friseur bequem zu euch nach Hause kommen, eine Gartenhilfe den Rasen im Frühjahr auf Vordermann bringen und sogar eure gesamte Bügelwäsche kann günstig abgeholt, aufbereitet und zurückgebracht werden. Du wirst sehen, wie erleichternd es ist, wenn man im Alltag an ein paar Tätigkeiten weniger denken muss und dadurch endlich wieder Platz für anderes in seinem Kopf hat.

Es ist egal, was andere denken

Abschließend möchte ich dir noch eine Angst nehmen: die Angst vor den Erwartungen und dem vermeintlichen Getuschel der anderen. Es ist keine Schande, wenn nicht immer alles perfekt läuft. Ebenso wenig wie du andere Menschen genauestens unter die Lupe nimmst, analysieren die anderen auch nicht dein Leben bis ins kleinste Detail. Schließlich hat jeder seine eigenen Problemchen und Dinge, um die er sich kümmern muss. Das Leben dieser Menschen dreht sich – zum Glück – nicht nur um dich. Sie beobachten dich nicht und noch weniger denken sie sich etwas dabei.

Diese Einsicht kann in vielerlei Hinsicht sehr erleichternd sein. Ob nun in der Elternrunde mit den anderen Müttern und Vätern oder auch im Privatleben. Zum Beispiel beim Besuch im Fitnessstudio. Häufig fühlen sich Menschen mit ein paar Kilos mehr unwohl, wenn sie sich zwischen den ganzen durchtrainierten Leuten bewegen müssen. Sie fühlen sich beobachtet. Die Sache ist nur, dass sich das eigentlich nur in ihrem Kopf abspielt. Alle anderen sind viel zu sehr mit ihrem eigenen Training beschäftigt, als das sie sich um anderen kümmern würden. Jeder Mensch befasst sich in erster Linie mit sich selbst – und das ist auch gut so. Sollten die Leute nun aber doch mal schlecht über dich reden – warum auch immer – spielt auch das keine Rolle. Die Menschen reden dann, wenn es in ihrem eigenen Leben an Würze und Aufregung fehlt. Kennst du den Spruch: »Was Susi über Sally sagt, sagt mehr über Susi, als über Sally«? Nicht jeder Mensch kann dich mögen und immer nur Gutes über dich denken. Das ist normal und auch völlig in Ordnung. Kein Mensch der Welt wird von allen gemocht. Wenn du dich zu sehr darauf versteifst, dass du bei allen immer gut ankommst, machst du dich bloß selber damit kaputt – denn das ist ein Marathon ohne Ziel.

Fakt ist: Wenn du deinen Mental Load ein für alle Mal loswerden möchtest, musst du ihn teilen. Ob nun mit deinem Partner, einer Putzhilfe oder eurem Kind ist dabei völlig egal. Mit jeder Aufgabe, für die du dich nicht mehr verantwortlich fühlst, schwindet die Überlastung in deinem Kopf. Das kann ein langer Prozess sein, vor allem, wenn ihr bisher als Familie anders fungiert habt. Doch Übung macht ja bekanntlich den Meister und du wirst lernen, deine Verantwortung Stück für Stück abzugeben.

Damit ihr zu diesem Punkt kommt, sind die regelmäßigen offenen Gespräche das A und O. Es kann schließlich niemand die Gedanken des anderen lesen und daher sollte auch keiner irgendwelche unausgesprochenen Erwartungen haben. Schließlich gilt im Falle von Mental Load: »Reden ist nicht Silber, sondern Gold«.

KAPITEL 7

Weg von klassischen Vater- & Mutterrollen

Wir teilen unsere Aufgaben im Haushalt so auf, wie wir es tun, weil wir eben genauso aufgewachsen sind. Vermutlich wird in dem Großteil unserer Elternhäuser, die Mutter ganz traditionell den Haushalt geschmissen haben, während der Vater arbeiten ging. Aber nur weil es schon immer so war, heißt das ja nicht, dass es auch immer so bleiben muss.

In unserer Gesellschaft hat sich in puncto »Gleichberechtigung« im Gegensatz zu früher zwar schon einiges geändert, doch vor allem im Familienleben, scheint diese veraltete Mann-Frau-Aufteilung noch wie selbstverständlich zu gelten. Wir haben nun die Möglichkeit, ein Zeichen zu setzen, indem wir den Schritt gehen und uns einen Weg entgegen dieser altmodischen Rollenverteilung bahnen. Ein Zeichen, welches sich unsere Kinder von uns abgucken können und hoffentlich werden – damit es in ihrem Familienalltag später von Anfang an selbstverständlich ist, dass alle Aufgaben gleichermaßen verteilt werden.

Gegenseitige Wertschätzung

Euer Familienleben baut auf zwei grundlegenden Bausteinen auf. Diese Bausteine sind dein Partner und du. Damit dieses Grundgerüst nicht in sich zusammenbricht, braucht es allerdings ein wenig mehr, als bloß schlicht und einfach zu funktionieren. Wir Menschen sind keine Maschinen und auch wenn es verlockend erscheint, manchmal so viel Ausdauer wie eine Maschine zu haben, ist das leider nicht möglich. Weder bei dir, noch bei deinem Partner. Die Geheimzutat für eure stabile Zusammenarbeit im Familienalltag lautet stattdessen Wertschätzung. Und zwar gegenseitige Wertschätzung.

Die Wertschätzung aufrechterhalten

Was am Anfang einer Beziehung noch selbstverständlich ist, wird mit der Zeit zu einer Aufgabe, an die man sich immer häufiger erinnern muss. Schade eigentlich, denn zu Beginn war die gegenseitige Wertschätzung noch von ganz allein da. Mit der ersten gemeinsamen Wohnung und spätestens dem ersten gemeinsamen Kind, schleicht sich aber schnell der gefürchtete Alltag ein: Jeder geht seinen eigenen Aufgaben nach und das Lob für die Arbeiten des Partners bleibt dabei irgendwie auf der Strecke. Und mit Lob meine ich nicht, dass man jedes Mal in eine Dankeshymne verfallen muss, wenn der Partner die Waschmaschine angestellt hat oder mit dem

Kind auf dem Spielplatz war. Natürlich ist ein »Danke« hin und wieder angebracht und sicherlich nicht fehl am Platz, dennoch gibt es noch so viele weitere Wege, dem Partner Wertschätzung entgegenzubringen.

Damit du das tun kannst, musst du dich aber zu allererst mal wieder daran erinnern. Wenn man den ganzen Tag mit dem Kind herumgewirbelt ist, sich um das Essen gekümmert hat und mittags auch noch ein nervenaufreibendes Geschäftsmeeting anstand, ist man am Abend häufig einfach nur froh, sich aufs Ohr legen zu können. Oft haben wir dann einfach nicht mehr das Auge dafür, dass auch unser Partner an dem Tag viel geschafft und erledigt hat. Wir übersehen es einfach, weil wir so beschäftigt mit uns selbst sind. Und mal ganz ehrlich: Wäre es nicht sofort ein kleiner Stimmungsaufheller, wenn dein Partner dir nach so einem ätzenden und vollgestopften Tag ein wenig Dankbarkeit zeigen würde? Bestimmt, oder? Und genau so, wie du dich darüber freuen würdest, würde auch dein Partner deine Wertschätzung im wahrsten Sinne des Wortes wertschätzen.

Wie zeigt man aber nun eben genau diese Wertschätzung? »Danke, dass du die Wäsche gefaltet und das Katzenklo gesäubert hast, Schatz!« Vielleicht so. Aber sich jedes Mal für jede einzelne Aufgabe zu bedanken zehrt auf Dauer auch an den Nerven und kommt irgendwann ehrlich gesagt nicht mehr besonders ernst gemeint rüber. Ich wäre nach einer Zeit zumindest echt genervt, wenn mein Mann mir nach jeder meiner erledigten Aufgaben eine Danksagung widmen würde. Doch Wertschätzung lässt sich noch auf so viele andere Arten zeigen, als nur mit Worten.

Wertschätzung ist das Lächeln am Abend und die innige Umarmung, wenn beide von ihrem stressigen Tag nach Hause gekommen sind. Wertschätzung ist, dem anderen ungefragt eine Aufgabe abzunehmen, wenn man merkt, dass er gerade ziemlich viel um die Ohren hat. Und nicht zuletzt ist Wertschätzung die Zeit, die du dir unaufgefordert für deinen Partner nimmst.

Zeigst du deinem Partner Wertschätzung für seine Aufgaben, wird er dir in der Regel auch welche entgegenbringen. Diese ist im Grunde genommen nämlich nicht viel mehr, als eine besondere Art der Dankbarkeit. Du schätzt sozusagen den Wert deines Partners und den Wert der von ihm erledigten Tätigkeiten. Umgekehrt ist es aber mindestens genauso wichtig, diese Dankbarkeit auch annehmen zu können. Sollte dein Partner dich also für etwas loben, rede die Tätigkeit – oder noch schlimmer: dich selbst – nicht klein. »Ach, das ist doch selbstverständlich« oder »So viel Arbeit war das doch gar nicht«. Doch, es war viel Arbeit! Das hat sogar dein Partner gesehen und angemerkt. Es fällt uns nicht immer leicht, Lob anzunehmen. Dieser Aspekt ist aber durchaus wichtig, wenn du möchtest, dass dein Partner dir auch in Zukunft noch gerne seine Wertschätzung entgegenbringt.

Übrigens: Dass wir Lob nicht gut annehmen können, ist wahrscheinlich irgendwo ganz tief in uns verankert. Zumindest hatte ich damit lange Zeit

Probleme. Jedes Kompliment wurde abgetan. Ich hatte angeblich eine besonders schöne Frisur? Ach nee, die Haare habe ich heute Morgen doch nur ganz schnell zu einem Dutt zusammengesteckt. Schöne Bluse? Die habe ich supergünstig gekauft, ist echt nichts Besonderes.

Wahrscheinlich hatte das damit zu tun, dass ich unter keinen Umständen als arrogant oder eingebildet eingestuft werden wollte und mich und meine Leistungen deshalb lieber immer selbst herunterspielte. Mittlerweile kann ich, genau wie mit Kritik, auch mit Lob ganz gut umgehen – auch, wenn es sich anfangs komisch anfühlt, einfach mal »Danke« zu sagen, anstatt alles abzustreiten. Aber das ist eben wie mit allem anderen auch: Man muss es üben. Denn nur Übung macht den Meister!

So, jetzt wo das mit der gegenseitigen Wertschätzung klappt, ist euer Grundgerüst schon mal stabiler und verliert auch durch kleine Stürme und Spannungen nicht so schnell seine Form. Stell es dir einfach so vor, als hättest du Mörtel zwischen die Steine geschmiert, der diese nun um einiges fester zusammenhält.

Sobald wir uns gegenseitig wertgeschätzt fühlen, arten auch unangenehme Gespräche nicht mehr so schnell aus. Schließlich bringen wir unserem Partner automatisch mehr Verständnis entgegen, wenn wir uns von ihm wertgeschätzt fühlen. Der nächste Schritt ist es nun, die offene Kommunikation zu meistern.

Offene Kommunikation will gelernt sein

Offene Kommunikation bedeutet, seine Wünsche zu äußern und auch mal Kritik anmerken zu können. Am besten ohne dabei Angst haben zu müssen, dass der Partner jedes Wort auf die Goldwaage legt, persönlich nimmt und im Anschluss der Hausfrieden schief hängt. Diese Art von Kommunikation beginnt allerdings keinesfalls bei deinem Partner – sondern ganz bei dir selbst. Denn bevor du dich mit deinem Partner an einen Tisch setzt, um die Fakten zu besprechen, solltest du zunächst mit dir selbst im Reinen sein. Was sich klischeehaft anhört, hat eine nicht zu missachtende Wirkung: Wer mit sich selbst im Einklang ist, strahlt unbewusst mehr Positivität aus. Genau diese braucht es, wenn trotz unliebsamer Gesprächsthemen eine angenehme Gesprächsatmosphäre bestehen bleiben soll. Wenn ihr es schafft, eine solche Atmosphäre zu kreieren, braucht ihr auch keinen Bogen mehr um irgendwelche vermeintlich unangenehmen Themen machen. Ganz gleich, ob es darum geht, dass der Partner immer den Klodeckel oben lässt, oder du es leid bist, ständig hinter allen her räumen zu müssen.

Kommunikation ist dabei aber keine Einbahnstraße. Damit du selbst auch als ein angenehmer Gesprächspartner wahrgenommen wirst, solltest du dich deinem Partner gegenüber nicht verschließen. Sobald er merkt, dass du bei deinen Problemen auch direkt Tacheles redest, wird ihn das dazu motivieren, dir nachzueifern.

Jetzt gibt es nur noch eine Kleinigkeit, die für eine vernünftige Gesprächsführung ausschlaggebend ist. Vielleicht bist du schon von selbst drauf gekommen: Es ist das Zuhören. Und mit zuhören meine ich nicht, dem anderen halbherzig ein Ohr hinzuhalten, und sich gedanklich schon auf seine Antwort vorzubereiten. Das ist kein Zuhören und das wird auch dein Partner schnell merken. Das Problem in vielen Beziehungen ist, dass man bloß zuhört, um zu antworten – und nicht um zu verstehen. Bist du an dem Tag dann zusätzlich noch ein wenig passiv aggressiv unterwegs, kommt es durchaus vor, dass dein Kopf sich gedanklich eher auf seine Verteidigung vorbereitet, anstatt auf einen konstruktiven Lösungsvorschlag.

Du kennst das sicher, wenn du dich mit jemandem unterhältst, der um jeden Preis seine Meinung durchbringen will und prinzipiell immer recht haben muss. Du kannst davon ausgehen, dass so jemand auch nur halbherzig zuhört (wenn überhaupt). Was dabei rauskommt, ist weder zielführend noch angenehm. Mit so einer Person führt niemand gerne ein Gespräch. Achte also darauf, dass du versuchst, deinen Partner wirklich zu verstehen. Dabei geht es nicht darum, zu sehen, ob du dich in seiner Situation auch so fühlen würdest und seine Gefühle nachvollziehen kannst. Es geht darum, dass du diese Gefühle und Bedürfnisse respektierst. Nur weil es dich persönlich nicht stört, dass zu jeder Tages- und Nachtzeit mindestens drei angebrochene Milchpakete im Kühlschrank stehen, heißt das nicht, dass es deinem Partner auch so geht.

Indem du versuchst, dich in deinen Partner hineinzuversetzen, fällt es dir auch leichter, seine Bedenken nachzuvollziehen. Vielleicht erwartet dich dann auch der ein oder andere Aha-Moment. Gerade wenn du anfängst, die Gedankenmuster deines Partners besser zu begreifen und die Dinge aus seiner Sicht zu sehen.

Sollte es dir mal nicht gelingen, die Dinge genauso zu sehen wie er, ist es übrigens auch kein Weltuntergang. Anstatt ihm in diesem Fall aber mit Argumenten entgegenzutreten und zu versuchen, ihm deine Meinung aufzudrängen, musst du lernen, dich einfach damit abzufinden. Oder du stellst ein paar offene Fragen. Wieso? Weshalb? Warum? Das wird deinen Partner dazu zwingen, sich über die Sachlage selbst noch einmal mehr Gedanken zu machen. Entweder fällt ihm im Zuge dessen auf, dass du doch recht hast, oder dir selbst geht dabei ein Licht auf. Da es in einer Partnerschaft aber natürlich nicht darum geht, wer denn nun recht hat und wer nicht, ist es auch überhaupt nicht schlimm, wenn ihr selbst danach noch differenzierte Meinungen vertretet. Jeder Mensch ist unterschiedlich. Auch wenn du scheinbar mit deinem Seelenverwandten zusammen bist, heißt das nicht, dass man keine unterschiedlichen Ansichten haben darf. Hier gilt es einfach, von beiden Seiten Toleranz zu zeigen und die Dinge auch mal so stehenzulassen. Nur weil dein Partner deiner Sicht der Dinge mal keine Zustimmung schenkt, ist das nicht gleich als persönliche Abwertung zu verstehen.

Wobei wir auch schon beim nächsten Punkt wären: Nichts persönlich nehmen! Kritisiert dein Partner mal etwas an dir, heißt das nicht, dass du deshalb eine schlechte Mutter oder Hausfrau bist. Mit Kritik lässt sich arbeiten und jeder Mensch braucht sie, um zu wachsen. Wichtig ist nur, dass immer in einem respektvollen Ton miteinander kommuniziert wird, damit eben nicht bei den kleinsten Kleinigkeiten gleich die Fetzen fliegen. Gehst du mit gutem Beispiel voran und vermittelst deinem Partner diese Werte, wird er sie ganz automatisch auch übernehmen – und die anstehenden Gespräche zwischen euch werden ein Kinderspiel.

Gewaltfreie Kommunikation

Um noch ein Level tiefer in die Kommunikation im Familienleben einzugehen, möchte ich dich noch mit der gewaltfreien Kommunikation (GFK)[3] vertraut machen. Dabei geht es selbstverständlich nicht darum, wie es sich vermeiden lässt, dass ein Gespräch in eine Prügelei ausartet, sondern vielmehr um verbale Gewalt. Vieles von dem, was wir sagen, ist verletzend für andere – und das vielleicht sogar, ohne dass wir unserem Gegenüber damit überhaupt wehtun wollen. Das Konzept der gewaltfreien Kommunikation stammt von dem Psychologen Marshall B. Rosenberg und soll zu mehr Freude am Familienleben und einem besseren Kommunikationsfluss beitragen. Zwar gibt es diesen Ansatz schon sehr lange, doch nur die wenigsten Menschen sind sich darüber wirklich bewusst. Genau das möchte ich nun gerne ändern.

Bei der gewaltfreien Kommunikation geht es darum, die Gefühle und Bedürfnisse anderer zu verstehen und gleichzeitig seine eigenen Gefühle und Bedürfnisse kundzugeben. Viel zu oft vergessen und verdrängen wir unsere Empfindungen und fühlen uns zu allem Überfluss auch noch schlecht, wenn wir dann doch mal ein »negatives Empfinden« zulassen.

Vor allem als Mama fällt es uns oft schwer, zuzugeben, dass wir müde, gestresst oder vielleicht auch nur total genervt von etwas sind. Das liegt an unserem, schon häufig erwähntem Bedürfnis, immer für alle da zu sein und stets alles richtig machen zu wollen. Da ist es nicht verwunderlich, dass wir unsere Gefühle herunterschlucken und einfach weitermachen. Oder, dass wir zwar bewusst etwas Negatives empfinden, aber trotzdem nicht genau zuordnen können, woher dieses Gefühl kommt oder was es ist.

Die vier Schritte der GFK

Es gibt vier elementare Schritte, mit denen man gewaltfrei in der Familie kommunizieren kann.

1. Der erste Schritt ist es, die Situation, die dich sonst reizen würde, ohne Wertung zu beobachten. Wenn nun also etwas passiert, was dich sonst wütend machen würde, versuche, in dich zu gehen. Versuche, das Geschehene von deinen Gefühlen zu trennen und rein objektiv zu betrachten. Es ist wichtig, zu verstehen, dass die anderen dir wahrscheinlich nichts Böses wollen, sondern einfach so handeln, wie es für sie in diesem Moment am angenehmsten ist. Es ist übrigens auch nicht wirklich zielführend, wenn du versuchst zu erraten, was sie sich dabei gedacht haben – du kannst es schließlich gar nicht wissen, solange du nicht fragst. Das mag für viele der schwerste Schritt von allen sein. Sobald du nämlich damit beginnst, eine Reihe von Gefühlen zu empfinden, wollen diese auch gefühlt und nicht unterdrückt werden. Ich rate dir auch ganz bestimmt nicht dazu, deine Gefühle zu unterdrücken, aber um uns selbst besser zu verstehen, müssen wir differenzieren, woher dieses oder jenes Gefühl kommt. Nur dann können wir verstehen, warum wir so empfinden, wie wir es tun.

2. Damit kommen wir auch schon zum zweiten Schritt. Welche Gefühle löst folgende Situation in dir aus? Nach dem Essen wird alles auf dem Tisch stehen und liegen gelassen und die ganze Familie außer dir, wenden sich wie selbstverständlich wieder ihren vorherigen Tätigkeiten zu? Wut, Enttäuschung, vielleicht sogar ein bisschen Traurigkeit? Doch wieso empfindest du diese Gefühle? Es sollte klar sein, dass jedes Gefühl seine Daseinsberechtigung hat. Doch mit jedem Gefühl kann auch ein direktes Bedürfnis in Verbindung gebracht werden. Und genau das ist der Punkt, an dem die meisten scheitern.

3. Der dritte Schritt ist es nämlich, genau diesen Gefühlen ein Bedürfnis zuzuordnen. Fühlst du dich also enttäuscht, dass dich alle einfach am vollen Tisch sitzen lassen, liegt es vielleicht daran, dass du dir gewünscht hättest, dass jeder mit anpackt. Du wünschst dir, dass deine Arbeit gesehen wird. Und vielleicht wünschst du dir auch, dass von selbst mal jemand auf die Idee kommt, zu helfen. Egal ob nun dein Kind, dein Partner oder sogar beide. Das Entscheidende daran ist zu erkennen, dass nur du alleine für deine Gefühle verantwortlich bist – denn deine unbefriedigten Bedürfnisse kannst du kommunizieren.

4. Deshalb besteht der vierte und letzte Schritt jetzt darin, eine wahrhaftige Bitte auf Grundlage deiner Bedürfnisse zu formulieren. Das bedeutet, dass du bereits im Vorfeld der Bitte, dein Bedürfnis und dein damit verbundenes Gefühl geäußert hast. Im Gespräch besteht dementsprechend bei allen Klarheit darüber, um was es dir geht und wie du dich wirklich fühlst.

Heutzutage gibt es kaum noch echte Bitten, sondern eher Aufforderungen, die als solche getarnt sind. »Könntest du bitte noch die Wäsche zusammenlegen?«, ist somit keine richtige Bitte, sondern nur eine nett formulierte Aufforderung. Geschieht das Zusammenlegen nun dennoch nicht, reagiert der Bittende gereizt. Bei einer echten Bitte muss auch ein Nein akzeptiert werden – ohne die negativen

Emotionen, die dadurch entstehen und ganz ohne unterschwellige Erwartungshaltung an den anderen. Es soll sich also nicht um einen dieser getarnten Befehle handeln, wie wir sie sonst so oft geben. Tatsächlich ist es übrigens sogar so, dass andere deiner Bitte eher nachkommen, wenn du keine Erwartungshaltung hast. Sollte das in gewissen Situationen mal nicht der Fall sein, muss auch das, ohne Bewertung, akzeptiert werden.

Die gewaltfreie Kommunikation ist im Wesentlichen also eine Methode, um wieder in lebendigen Kontakt miteinander zu kommen. Wir müssen aufhören, auf Grundlage unserer eigenen Gefühle etwas in die Taten anderer zu interpretieren, und stattdessen einfach mehr nachfragen. Genauso dürfen wir nicht erwarten, dass sich jeder von selbst mitteilt, der etwas mitzuteilen hat. Manchmal bedarf es einfach ein paar mehr Fragen und etwas mehr Kommunikation. Bei einem Baby, das sich noch nicht mitteilen kann, sind wir schließlich auch nicht böse. Da probieren wir einfach so lange herum, bis wir die richtige Lösung gefunden haben, und es aufhört zu quengeln. Bei älteren Kindern – und auch bei unseren Partnern – ist das einfacher: Wir müssen einfach fragen. Jedem sollte innerhalb der Familie auf Augenhöhe begegnet werden. So fühlt sich auch jeder gehört und wahrgenommen, sprich gesehen! Gleichzeitig dürfen wir auch nicht davon ausgehen, dass den anderen unsere schlechte Laune oder Überforderung einfach so auffällt. Es ist nämlich nicht der böse Partner, der nichts um sich herum wahrnimmt, sondern wir, die anscheinend erwarten, dass er Gedanken lesen kann.

Es darf auch mal was schieflaufen

Fehler gehören zum Leben einfach dazu wie das Popcorn zum Kinobesuch: Sie sind unvermeidbar. Ehrlich gesagt wäre es sogar schlecht, wenn wir nie welche machen würden. Dann würde uns nämlich eine wichtige Sache vorenthalten bleiben: der Lerneffekt. Fehler zu machen ist wichtig. Ganz gleich, ob im Beruf, im Freundeskreis oder eben in der Familie. Leider ist das Wort »Fehler« bis heute noch ziemlich negativ belastet. Sie werden als etwas Schlechtes gesehen und wollen um jeden Preis vermieden werden. Nichtsdestotrotz müssen wir sie machen, um im Leben voranzukommen. Eine offene Fehlerkultur zu leben kann eure Familie als solche ein ganzes Stück voranbringen.

Klar, man kann auch anders an die Sache herangehen und jeden Fehler, der passiert, direkt markieren oder bestrafen. Allerdings ist das in der Regel wenig zielführend. Es ist hingegen deutlich besser, den Dingen, die schiefgelaufen sind, direkt ins Auge zu sehen und dazu zu stehen. Nur so lässt sich daraus lernen – und im Anschluss an sich arbeiten. Du sollst also nicht einfach alle Patzer unter den Tisch kehren, sondern ihnen stattdessen vielmehr mit Verständnis entgegenkommen. Das gilt für andere, genau wie für dich selbst. Sich selbst für eine Fehlentscheidung gedanklich herunterzumachen, macht den Fehler schließlich auch nicht rückgängig, sondern verdirbt dir nur den Moment. Versuche lieber, deinen Fehler zu analysieren und zuzusehen, dass derselbe Fehler in Zukunft nicht noch mal gemacht wird.

Fehler sollten demnach in eurer Familie kein Tabu-Thema mehr sein. Wenn jeder das Gefühl hat, dass er offen mit seinen Schwächen und Fehlschlägen umgehen kann, können auch alle gemeinsam versuchen, eine Lösung zu finden. Muss jedes Familienmitglied jedoch mit unliebsamen Konsequenzen oder gar harten Strafen rechnen, wird es seine Fehler von vornherein eher vertuschen, als darüber reden zu wollen. Doch Erfahrungen sammelt man nun mal durch Fehler – und je mehr Erfahrung man hat, umso weniger Fehler passieren einem.

Sich seiner Fehler bewusst zu sein erfordert eine Menge Selbstbewusstsein und Mut. Das kann nicht jeder. Alle, die sich ihre Fehler offen eingestehen können, haben daher Hochachtung verdient – und dieses Gefühl sollte auch in der Familie vermittelt werden. Respekt und Verständnis anstatt Wut und Bestrafung.

Perfektionismus verabschieden

Gewissenhaftigkeit ist gut, Perfektionismus eher weniger. Die Wohnung muss zu jeder Tages- und Nachtzeit blitzsauber sein, auf dem Rasen darf kein Moos wachsen und obwohl du gerade erst die Fenster geputzt hast, fallen dir schon die nächsten Schlieren auf. Wenn du einen Hang zum perfektionistischen Handeln hast, musst du dir darüber im Klaren sein, dass du nicht fahrlässig wirst, nur weil du den Perfektionismus ablegen möchtest. Ohne Perfektion bist du wesentlich flexibler und effizienter.

Viele Perfektionisten haben ein dauerhaftes Schwarz-Weiß-Denken. Entweder ist etwas gut, oder eben schlecht. Die Spanne zwischen diesen beiden Begriffen wird ignoriert. Alles, was eigentlich okay ist, fällt dann in die Kategorie schlecht. Man ist unzufrieden. Egal, wie sehr man sich bemüht hat, eine Aufgabe zur vollen Perfektion hin zu erfüllen. Das rührt auch daher, dass Perfektionisten sich eher auf das Negative, als auf das Positive konzentrieren. Da kann noch so viel wie am Schnürchen laufen – geht eine Sache schief, ist die Laune im Keller. Dann wird so lange daran gedoktert, bis man am Ende doch zufrieden ist – oder eben nicht. Irgendwas gibt es schließlich immer zum Ausbessern.

Für dein inneres Wohlbefinden ist es wichtig, dass du dir erlaubst, deine Erfolge zu feiern. Lobe dich dafür, wenn du einen anstrengenden Tag hattest. Glaub mir, du verdienst es wirklich. Es ist keine Selbstverständlichkeit, sich jeden Tag so reinzuhängen. Das Essen ist dir heute besonders gut gelungen? Freue dich und sei stolz auf dich. Wenn du lernst, deine Erfolge – so klein sie dir auch erscheinen mögen – zu feiern, wird sich deine ganze Einstellung schnell ändern. Dafür musst du lediglich das schlechte Gewissen ablegen, sowie den Gedanken, dass du diese Anerkennung gar nicht verdient hast.

Glaub mir, es lebt sich um einiges entspannter, wenn du erst einmal gemerkt hast, dass gar nicht alles perfekt sein muss. Lasse hier und da was liegen, was auch bis morgen Zeit hat, und nimm dir vor, bestimmte Aufgaben in einem vorher festgelegten Zeitfenster abzuschließen – ohne, dass du danach noch ständig irgendwo etwas ausbesserst. Schnell wirst du feststellen, dass sich die Welt trotzdem weiter dreht und du wesentlich mehr Dinge schaffst, wenn du dich nicht an jeder Tätigkeit ewig aufhängst. Bist du ganz ehrlich zu dir, sind die Resultate dafür sogar ziemlich akzeptabel. Akzeptabel ist übrigens gut, auch wenn dir dein Unterbewusstsein vielleicht zuerst etwas anderes weismachen möchte.

Sobald du nicht mehr so streng mit dir selbst bist und auch mal über deine Fehlschläge hinwegsehen oder sogar lachen kannst, kommt ein ganz neues Lebensgefühl in dir auf. Eine Leichtigkeit, die du wahrscheinlich so gar nicht mehr kanntest. Mache dir also klar, dass kein Mensch der Welt jemals perfekt war oder sein wird. Perfekt gibt es nicht, gab es nie und wird es auch nie geben. Wieso erwartest du das dann also von dir selbst?

Wenn der Partner nicht mitspielt

Wie fast immer im Leben, gibt es leider auch einige Sonderfälle, in denen sich selbst die tollsten Tipps nicht so einfach umsetzen lassen. Das ist zum Beispiel dann der Fall, wenn der Partner dabei nicht mitspielen möchte. Man fühlt sich wie eine alleinerziehende Mama – obwohl man eigentlich verheiratet ist.

Vielleicht hast du schon tausendmal versucht, etwas anzusprechen. Vielleicht wartest du aber auch noch darauf, dass deinem Mann etwas von selbst auffällt. Ganz vielleicht seid ihr auch einfach so in eurem Trott, dass es weder deinem Mann noch dir vorher in den Sinn gekommen ist, dass ihr an eurem Familienzusammenleben auf Dauer etwas ändern müsst. Tatsächlich ist es schwierig, alte Marotten aufzugeben. Das ist allerdings noch lange kein Grund gegen ein wenig frischen Wind im Alltag. Auch, wenn dein Mann arbeiten geht und du nicht – Familienarbeit ist auch Arbeit. Sogar mit einer 7-Tage-Woche. Wünschst du dir Änderungen im Haushalt? Dann frage deinen Partner, ob bzw. wieso er die aktuelle Aufteilung für angemessen und gerecht hält. Weil es immer so war? Das ist ein schwacher Grund. Andersrum – und da bin ich mir sicher – würde er es auch nicht toll finden, wenn alles an ihm hängen bleiben würde und du nicht mal bereit wärst, ihm ein wenig unter die Arme zu greifen. Es ist eben nicht nur das bisschen Wäsche oder hier und da mal etwas putzen. Es ist die ganze Arbeit im Haushalt, das ganze unsichtbare Denken und die ganze Planung rund um euer Kind.

Sammle dir die Sicherheit, die du brauchst, bevor du so ein Gespräch mit deinem Partner beginnst. Solltest du nämlich versuchen, ihn mit unsicherer oder gar zittriger Stimme von etwas zu überzeugen, wirst du wahrscheinlich nur wenig Gehör finden.

Sein Unterbewusstsein wird das schnell merken und signalisiert ihm wahrscheinlich etwas in Richtung: »Die klingt schon so unsicher, weißt die überhaupt, was sie will?«

Ja, du weißt ganz genau, was du willst! Genauso musst du das auch rüberbringen. Überlege dir deshalb vorher, was du zu sagen hast und was du dir von dem Gespräch erwartest. Eine feste Stimme und entschlossene Körperhaltung haben ebenfalls noch mal eine ganz andere Wirkung, als verunsicherte Blicke und vorsichtige Worte.

An dieser Stelle sei auch gesagt: Du wirst nicht darum herumkommen, ihm in diesem Gespräch, zumindest vorsichtig, vor den Kopf zu stoßen und er wird sich bestimmt auch ein wenig angegriffen fühlen. Klar, du kannst alles noch so toll umschreiben, aber wenn dein Mann sowieso von der sturen Sorte ist, braucht er klare Worte. Er muss wissen, wie ernst du es meinst. Sollte er den Ernst der Lage nicht verstehen, mache ihm klar, was diese alleinige Verantwortung mit dir macht. Eine klare Bitte wird auch er dir nicht ausschlagen können – vorausgesetzt er gehört nicht zum Mir-ist-alles-egal-Typ von Mann.

Es ist wichtig, dass du nicht mehr nur die nörgelnde Stimme im Hintergrund bist, sondern deine Wünsche direkt so klar wie möglich kommunizierst. Wer will, der kann auch. Und wenn deinem Mann etwas an der Familie liegt – wovon ich doch mal stark ausgehe – dann wird er sich auch bemühen. Er wird versuchen, dich zu verstehen, wenn ihr ihm wichtig seid.

KAPITEL 8

Zeit für dich

Was machst du abends mit deinem Handy, wenn es einen langen Tag hatte und im Dauerbetrieb war? Richtig, du lädst es auf. Und auch deine Akkus müssen von Zeit zu Zeit aufgeladen werden. Du arbeitest tagsüber sehr viel und brauchst deinen Schlaf, um am nächsten Morgen wieder fit zu sein. In diesem Kapitel dreht sich alles um deine neu gewonnene Zeit und wie du sie am besten nutzen kannst, um wirklich zur Ruhe zu kommen.

Richtig abschalten lernen

Abschalten. Das hört sich so einfach an, als müsste man bloß einen Schalter umlegen. Leider ist es gerade als Mama alles andere als leicht, den Alltag einfach mal hinter sich zu lassen. Dabei ist es so wichtig, denn gedanklich würdest du sonst auch nach getaner Arbeit immer noch Wäsche bügeln, dein Kind umsorgen, und, und, und.

Abschalten heißt, dass du einen ganz klaren Feierabend beziehungsweise klar abgegrenzte Zeit nur für dich hast. In dieser Zeit bist du mit deinen Gedanken nur bei dir. Die Kunst ist, dass du nicht nur körperlich, sondern auch seelisch zur Ruhe kommen kannst. Alle Alltagssorgen haben zu dieser Zeit nichts mehr in deinen Gedanken verloren.

Zeit für dich ist wichtig und sie sollte stets einen festen Platz in deinem Terminkalender haben. Am besten sollte sie mit dickem, fetten Edding in deinem Kalender markiert werden. So wird es unmöglich, dir diese Zeit nicht zu nehmen oder gar zu vergessen. Einen Zustand der Entspannung erreichst du nämlich nur dann, wenn du nicht mehr das Gefühl hast, rund um die Uhr einsatzbereit sein zu müssen. Da du allerdings schon eine Weile Mama bist, weißt du mindestens genauso gut wie ich, dass das mit dem Entspannen leichter gesagt, als getan ist. Mal eben die Beine hochlegen und den Kopf ausschalten funktioniert nicht – denn ehe man sich versieht, spuken schon wieder die lästigen Alltagsgedanken im Kopf herum und dein Hirn geht auf Wanderschaft. Dann kannst du noch so bequem und eingekuschelt auf dem Sofa liegen, trotzdem wird dir auch die hundertste Decke nicht mehr beim Entspannen und Abschalten helfen können.

Obwohl auf dem Sofa zu liegen und sich leicht verdauliche Serien oder Filme anzugucken für viele der Inbegriff von Runterkommen ist, hat man in der Praxis leider herzlich wenig davon. Eine Serie oder ein Film stimuliert unser Hirn immer noch zu sehr, als dass es sich von den Strapazen des Alltags erholen könnte. Das ist auch der Grund, warum du dich auch nach einem ganzen Tag auf der Couch (oder vor allem gerade dann) extrem geschlaucht und erschöpft fühlst.

Auch das obligatorische Feierabendbier oder das Gläschen Wein sind keine wirkliche Option zum Erholen. Es mag zwar kurzfristig eine Art Feierabendgefühl in dir auslösen, dennoch ist Alkohol nach wie vor Gift für den Körper und somit eigentlich auch purer Stress. Nicht selten fühlst du dich am nächsten Morgen dann noch energieloser, da dein Körper erst einmal den Alkohol abbauen muss, bevor er wieder zu Höchstleistungen auflaufen kann.

Greife alte Hobbys wieder auf

Natürlich ist jeder Mensch anders – und so entspannt auch jeder auf seine eigene Weise. Für manche ist ein spannender Horrorfilm vielleicht sogar genau das Richtige nach einem langen Tag. Falls für dich der tägliche Wahnsinn allerdings schon Horror genug ist, gibt es glücklicherweise noch eine Reihe weiterer Möglichkeiten, um zur Ruhe zu kommen. Überleg mal, was du vor dem Mamasein gerne in der Freizeit gemacht hast. Hast du vielleicht gerne gehäkelt? Hättest du mal wieder Lust, ein richtig gutes Buch zu verschlingen? Oder bist du früher gerne ein paar Runden um den Block gelaufen und findest jetzt kaum noch die Zeit dazu? Alte Hobbys wieder aufzugreifen kann dir genau den Schub an Endorphinen geben, den du brauchst. Achte aber unbedingt darauf, dass das, was du tust, dich nicht auch noch zusätzlich anstrengt. Leistungssport ist zum Beispiel keine so gute Idee, da wir neben dem sportlichen

Aspekt wieder einem mentalen Druck standhalten müssen, um ständig unsere eigenen Bestleistungen zu knacken. Und weiteren Stress willst du in dir ja nicht auslösen.

Solltest du spontan kein »altes« Hobby finden, kannst du natürlich auch etwas ganz Neues ausprobieren. Gibt es beispielsweise eine Sportart, die dich schon immer interessiert hat, zu der du aber komischerweise nie die Zeit oder den Mut gefunden hast? Trau dich einfach und bring ein wenig Abwechslung in deinen Alltag. Es ist nie zu spät, etwas Neues im Leben zu beginnen. Eislaufen, Kickboxen oder vielleicht sogar Gewichte im Fitnessstudio stemmen kann dir genau die Abwechslung geben, die du in deinem Alltag brauchst. Gerade Sport im Verein bringt dich auf andere Gedanken. Du siehst andere Menschen, führst andere Gespräche und befindest dich an einem komplett anderen Ort. Deiner gedanklichen Auszeit steht dabei also kaum noch etwas im Wege.

Zeit für Gegenteile

Beim Entspannen sollte man am besten komplementär arbeiten. Das heißt, du machst genau das Gegenteil von dem, wovon du dich erholen möchtest. Leute, die körperlich schwer arbeiten, entspannen am besten durch ruhige Tätigkeiten, bei denen sich der Körper wieder erholen kann. Wer den ganzen Tag im Büro sitzt, kann durch ein wenig Bewegung seine Akkus wieder aufladen. Körperliche Beschäftigung tut gerade dann gut, wenn man den ganzen Tag mental gearbeitet hat. Und in deinem Fall tust du das. Es muss dabei auch nicht immer unbedingt ein anstrengender Sport getrieben werden. Ein Spaziergang an der frischen Luft reicht schon aus und hilft dir gleichzeitig dabei, mal was anderes als deine eigenen vier Wände zu sehen. Außerdem wird dein Vitamin-D Speicher bei der Gelegenheit wieder aufgefüllt. Sollte dieser leer sein, merkst du das meistens sofort: Abgekämpftheit, Müdigkeit und Motivationslosigkeit schleichen sich dann in deinen ohnehin schon anstrengenden Alltag ein. Um dem entgegenzuwirken, reichen täglich 10 Minuten Sonne schon aus – und die kommt sogar durch ein paar Wolken durch.

Sobald du dich nun also für eine sogenannte »aktive« Entspannungsmethode entschieden hast, solltest du dir diese zur Routine machen. Ich empfehle dir, einen festen Wochentag für dein neues Hobby festzulegen. Einen gewissen Rhythmus hineinzubringen ist sinnvoll, weil ungewohnte Tätigkeiten uns schnell aus unserer Routine bringen und sogar noch mehr stressen können – auch, wenn es sich bei besagter Tätigkeit eigentlich um Entspannung handelt.

Aktive Entspannungsmethoden helfen dem Körper übrigens auch dabei, bei der passiven Entspannung – wie Schlafen oder Nickerchen halten – alles herauszuholen, was geht. Nach dem Aufwachen fühlst du dich dann fast wie neu geboren und bist bereit für den kommenden Tag.

Durchatmen mit Yoga und Meditation

Mein wöchentlicher Entspannungstermin mit mir selbst sieht ungefähr so aus: Sobald am Dienstag um 8:00 Uhr die Kinder im Kindergarten sind und mein Mann bei der Arbeit ist, nehme ich mir Zeit für ein wenig Selfcare. Unter dem Wort verstehen manche, sich eine Gesichtsmaske nach der nächsten aufzutragen, ein Ganzkörperpeeling zu machen und sich anschließend mit Gurkenscheiben auf den Augen in die Sonne zu legen. Ich verstehe unter Selfcare, dass ich bewusst Zeit mit mir selbst verbringe. Und das schaffe ich derzeit am besten mit einer Kombination aus Yoga und Meditation. Am Anfang wollte ich diesen Praktiken noch nicht so wirklich die Aufmerksamkeit schenken, die sie verdient haben. »Ach«, dachte ich, »auf einer Gummimatte herumsitzen und ein paar Mal ein- und ausatmen kann ich mir auch sparen«. Eines Morgens packte mich dann aber doch die Neugier und ich beschloss, dem Ganzen wenigstens eine faire Chance zu geben. Ich hatte keine Yoga-Matte, also musste der Wohnzimmerteppich herhalten. Hingesetzt, Augen zugemacht, geatmet. Bewusst geatmet. Lass mich dir an dieser Stelle eine Sache sagen: Sich nur auf seinen Atem zu konzentrieren und jeden anderen Gedanken aus seinem Kopf zu verbannen ist anfangs unglaublich schwierig! Mit der Zeit wurde ich aber immer besser darin. Aus 10 Sekunden ohne Gedankenkreisel wurden 30, anschließend eine Minute und irgendwann immer mehr.

Durch die Meditation bin ich insgesamt reflektierter und ruhiger geworden und kann auch negative Emotionen und Stress besser verarbeiten. Obwohl es nicht viel Zeit ist, die mir am Dienstagmorgen bleibt, ist es doch wertvolle Zeit, die ich für mich persönlich perfekt ausnutze. Qualität über Quantität scheint also auch hier zuzutreffen. Sobald du es gemeistert hast, deinen Kopf vom Alltag zu trennen, kannst du richtig entspannen.

Achtsamkeit im Mama-Alltag

Achtsamkeit ist ein Wort, was dir mit Sicherheit schon ein paar Mal über den Weg gelaufen sein dürfte. Doch weißt du auch, was es damit auf sich hat?

Wenn wir Auto fahren, arbeiten oder mit unseren Kindern spielen, handeln wir vollautomatisch. Mit unseren Gedanken sind wir meistens entweder in der Vergangenheit oder in der Zukunft. Wir planen und organisieren schon, bevor es überhaupt etwas zu Planen gibt. Wir gehen Geschehenes in unseren Köpfen immer und immer wieder durch, wie eine hängende Schallplatte. Wer achtsam lebt, schaltet diesen Autopiloten aus.

Indem wir jeden Moment bewusst wahrnehmen, verschwenden wir nicht mehr unsere Zeit. Die Vergangenheit und die Zukunft existieren nämlich vorerst nur in unseren Köpfen. Sie ist nicht greifbar. Wir lernen, schneller zu verzeihen – anderen, aber vor allem auch uns selbst. Nicht zuletzt können wir dann endlich aus diesem stressigen Gedankenkarussell aussteigen.

Wie funktioniert das mit der Achtsamkeit überhaupt?

Wir neigen dazu, Dinge sofort zu bewerten. Oft werden Situationen und Gegebenheiten einfach in positiv oder negativ gruppiert. Dementsprechend fühlen wir uns dann auch. Eine gute Schulnote des Kindes löst in dir Freude aus, da sie als gut befunden wurde. Wenn die Vase im Wohnzimmer zerbricht, wirst du von negativen Gefühlen überflutet, da du diese Situation als negativ empfindest. Das klingt eigentlich logisch, oder?

Die Sache ist, dass es sich viel entspannter lebt, wenn man nicht sofort jeder Kleinigkeit eine Bewertung zuschreibt. Das ist zwar gar nicht so einfach, da das meist unbewusst passiert, aber es ist möglich. Wer achtsam lebt, trennt ganz nüchtern die Tatsachen von seinen Interpretationen. Es geht darum, die Realität so zu akzeptieren, wie sie eben ist. Wenn etwas schiefläuft und wir uns noch stundenlang daran aufhängen, ändert das schließlich nicht die Vergangenheit. Es raubt uns nur Kraft und Energie. Das Gleiche gilt für die Zukunft: Machst du dir im Vorfeld schon enorme Sorgen um ein zukünftiges Ereignis, erlebst du dieses quasi zweimal. Einmal in deinem Kopf, mit allen möglichen Szenarien und Endresultaten – und einmal im echten Leben.

In der ganzen Zeit, in der du dich gedanklich mit der Zukunft oder Vergangenheit auseinandersetzt, befindest du dich nicht im Hier und Jetzt. Vielleicht körperlich, aber dein Kopf ist konstant woanders. Du kannst die Gegenwart also nicht richtig wahrnehmen und genießen. Wenn du achtsam handelst, legst du ganz bewusst den Fokus auf den jetzigen Moment.

Du liest zum Beispiel jetzt gerade dieses Buch – da musst du nicht daran denken, was morgen noch alles ansteht oder welche unangenehme Unterhaltung du gestern geführt hast. Konzentriere dich nur auf das Buch und schenke dieser Tätigkeit deine volle Aufmerksamkeit. Mit Achtsamkeit lebt sich das Leben um einiges intensiver, auch wenn das nicht über Nacht klappt. Achtsam sein kannst du nämlich immer nur im Hier und Jetzt. Sollte es also gestern nicht so gut geklappt haben mit der Achtsamkeit, ist jetzt deine Chance, es erneut zu versuchen. Nicht morgen, nicht übermorgen, sondern jetzt. Und das Beste daran ist: Das »Jetzt« ist immer, also kannst du auch immer ein wenig Achtsamkeit einfließen lassen.

Achtsamkeit für Mamas

Natürlich ist das mit der Achtsamkeit alles schön und gut, aber gerade als Mama hat man eben viel um die Ohren. Da hat man nicht immer Zeit, alles bewusst wahrzunehmen und mit den Gedanken in der Gegenwart zu verweilen. Außerdem will auch stets alles geplant werden, was in naher Zukunft ansteht.

Wie kannst du das Mamasein nun also mit ein wenig Achtsamkeit vereinen?

Für ein wenig Achtsamkeit im Alltag braucht es im Grunde genommen gar keine Zeit. Du musst dir nicht täglich eine halbe Stunde zum Meditieren freinehmen. Stattdessen kannst du achtsam sein, während du deinem gewohnten Alltag nachgehst. Das Gute ist, dass sich das auf wirklich jede Tätigkeit anwenden lässt.

Trinkst du morgens in Eile deinen Kaffee und suchst dabei in Gedanken schon die Schulsachen für deine Kinder zusammen? Mache dir klar, dass du dazu gleich noch genug Zeit hast, und lenke deine Aufmerksamkeit nur auf dich und deine Tasse Kaffee. Wie fühlt sich die Wärme in deinen Händen an? Wie riecht der Kaffee und welche Gefühle löst der Geruch in dir aus? Schmeckt er vollmundig, cremig, oder intensiv? Merkst du, wie der Kaffee beim Schlucken deine Speiseröhre hinunterläuft und deinen Hals wärmt? Wenn du dich so sehr auf den jetzigen Moment konzentrierst, kannst du ihn gleich viel mehr genießen. Das klappt auch beim Kochen, wenn du dich darauf konzentrierst, wie viel Widerstand die unterschiedlichen Gemüsesorten beim Schneiden haben. Es funktioniert beim Wäschemachen, wenn du bewusst wahrnimmst, wie sich die Stoffe beim Falten in deiner Hand anfühlen. Sogar ein Spielplatzbesuch lässt sich mit Achtsamkeit vereinen, indem du auf die verschiedenen Vogelgesänge oder die Gerüche der Natur achtest.

Das sind nur ein paar Beispiele, doch ich versichere dir, dass du bei wirklich jeder Tätigkeit achtsam sein kannst. Dafür braucht es lediglich ein wenig Übung. Probiere doch einfach mal aus, ob es für dich auch eine Bereicherung ist, etwas mehr im Moment zu leben. Wenn ja, dann kannst du die Achtsamkeit weiter praktizieren. Wenn nicht, ist das auch nicht schlimm. Jeder Mensch ist anders und so findet auch jeder seine Erholung in unterschiedlichen Dingen.

Fit trotz Schlafmangel

Ausreichender Schlaf ist essenziell, um als Mensch überhaupt zu funktionieren. Daher rate ich dir natürlich zuallererst, immer genügend zu schlafen. Leider klingelt der Wecker als Mama aber schon in den frühen Morgenstunden und auch der Abend zögert sich oft weiter hinaus, als einem lieb ist. Sollte dann auch kein Platz mehr für ein kleines Nickerchen bleiben, wird es schnell kritisch.

Kennst du das? Du wälzt dich nachts in deinem Bett und denkst ständig daran, dass du jetzt endlich einschlafen musst, um vor dem Weckerklingeln wenigstens noch ein bisschen Schlaf zu bekommen.

Je mehr wir uns dazu zwingen wollen einzuschlafen, umso weniger klappt es. Ein Teufelskreis. Daher bringt es auch nichts, ständig auf die Uhr zu schielen. Damit machst du dich nur unnötig nervös. Lege dich einfach hin und akzeptiere, dass du in dieser Nacht wohl nicht auf deine acht Stunden kommen wirst und versuche, dich zu entspannen. Mir hilft es immer, wenn ich mir vorstelle, dass der Körper sich ja auch im Standby-Modus ein wenig erholt. Also auch, wenn ich nicht ganz schlafe, regeneriere ich mich. Dadurch kann ich entspannter wach liegen und ganz oft ist es dann so, dass ich irgendwann doch noch einschlafe.

Meine nächste Geheimzutat, um den nächsten Tag trotz wenig Schlaf durchzustehen, ist es, morgens die Finger von der Schlummertaste zu lassen. Ich weiß, ich weiß. Gerade nach einer solchen Nacht wirkt sie sehr verlockend. Doch jedes Mal, wenn du wieder eindöst, gehst du sofort in die Tiefschlaf-Phase zurück. Das Aufstehen wird dann immer schwerer, anstatt leichter. Am besten ist es, wenn du dich zusammenreißt, sofort Licht und Luft ins Zimmer lässt und tief durchatmest. Der Sauerstoff bringt dein Hirn zum Arbeiten und du wirst feststellen, dass du dich schnell nicht mehr so zerschlagen fühlst. Oft hilft es auch, wenn man sich dazu noch ein wenig bewegt, um das Herz zum Pumpen zu bringen. Ein paar Mal Arme kreisen reicht da tatsächlich schon aus. Gönne dir jetzt noch ein großes Glas kaltes Wasser und wasche dir dein Gesicht – wenn möglich auch mit eisigem Wasser. Das gibt dir genau den Kickstart in den Tag, den du nach so einer Nacht brauchst.

Die wahre Challenge ist allerdings nicht das Wachwerden am Morgen, sondern vielmehr das Durchhalten über den Tag. Und dabei hilft: trinken, trinken und nochmals trinken. Ich meine damit aber keinesfalls, dass du dir eine Tasse Kaffee nach der anderen herunterkippen sollst. Wasser ist viel effektiver, wenn es darum geht, die Energie auch im Laufe des Tages nicht zu verlieren. Wenn du magst, kannst du auch einen Spritzer Zitrone oder Ingwer hineingeben – das wirkt zusätzlich anregend.

Ich höre nach einer schlaflosen Nacht außerdem oft den ganzen Tag über Musik. Egal wann, egal wo. Zu Hause drehe ich das Radio auf und singe mit. Im Supermarkt kommen meine Ohrstöpsel zum Einsatz. Belebende Songs steigern einfach zuverlässig meine Laune und versorgen mich mit Motivation – die ich nach so einer Nacht auch bitter nötig habe. Bastle dir einfach mal eine Playlist aus lauter schwungvollsten Songs zusammen. Diese kommt dann immer an solchen müden Tagen zum Einsatz und spendet ein wenig Heiterkeit. Gegen Nachmittag, wenn dann häufig die große Müdigkeit droht, hilft allerdings auch die Musik nicht weiter. Dann muss ich an die frische Luft, und zwar so schnell wie möglich. Fünf Minuten kann wahrscheinlich jeder irgendwie im Laufe des Tages dazwischen quetschen. An der frischen Luft ein paar Mal tief ein- und auszuatmen (am besten abwechselnd durch das rechte und linke Nasenloch) regt die Hirnaktivität an. Sobald du dein Tief dann überwunden hast, schaffst du den Rest des Tages ganz locker.

Das richtige Essen

Auch das Essen spielt eine wichtige Rolle, wenn es darum geht, wach zu bleiben. Die Versuchung ist zwar groß, sich gerade jetzt einfach eine Tiefkühlpizza in den Ofen zu schieben, doch das solltest du lieber sein lassen. Mächtige und fettige Speisen ziehen oft auch ein mindestens ebenso mächtiges Müdigkeitsloch mit sich. Da dein Körper aber dennoch Energie braucht, solltest du auf leichte und vitaminreiche Speisen setzen. Belege dir zum Beispiel einen leckeren Wrap oder mache Fisch zum Mittagessen.

Anstatt dreimal am Tag eine dicke Mahlzeit zu verdrücken, ist es an solchen Tagen zudem besser, lieber öfter eine Kleinigkeit zu essen. Hier mal eine Banane, da mal ein Sandwich mit Avocado. So fällst du gar nicht erst in dieses Tief, denn dein Körper muss sich nicht zu viel auf einmal mit der Verdauung beschäftigen. Es bleibt noch genug Blut für dein Gehirn übrig und du bleibst fit.

Schlusswort

Es ist schon erstaunlich, wie viele Frauen unbewusst unter Mental Load leiden. Der Begriff geistert zwar schon eine ganze Weile in unserem Weltennetz herum, aber nur die wenigsten haben bisher wirklich davon gehört oder sich damit beschäftigt. Das bisschen Haushalt (und Kindererziehung) ist für uns schließlich kein Problem, oder doch?

Für dich ist »Mental Load« ab sofort kein Fremdwort mehr und du weißt endlich, warum du dich ständig überfordert und abgekämpft fühlst. Das zu verstehen ist unerlässlich, um an dir und deinem Familienleben arbeiten und einen sicheren Ausweg aus deinem Dauerstress finden zu können.

In diesem Buch hast du sehr viel über die mentale Belastung, die vor allem Mütter tragen, und ihre Ursachen erfahren. Ist es wirklich die Arbeit im Haushalt oder das Brote schmieren für deine Kinder, was dich so sehr erschöpft? Irgendetwas muss wohl noch dahinter stecken –und das weißt du jetzt. Denn es ist die Planung in deinem Kopf, die rund um die Uhr stattfindet. Beim Essen, beim Arbeiten, ja sogar beim Zubettgehen. Diese raubt dir die Energie, die du brauchst und lässt dich die Zeit, die du eigentlich für dich bräuchtest, mit anderen Dingen verplanen. Die zweite Maschine Wäsche, die Planung des

Geburtstages in zwei Wochen und, und, und. Indem du dich nun aber mit deinem Partner zusammensetzt und darüber sprichst, wird sich in deinem Leben einiges ändern. Du kannst ihm nun zu verstehen geben, was genau dich so auslaugt. Wo genau du dir Unterstützung wünschst. Dauerhaft. Ohne Zuarbeiten seinerseits oder dem ständigen Anbieten von scheinbarer Hilfe. Hilfe brauchst du nämlich jetzt nicht mehr, sondern jemanden, mit dem du deinen Mental Load auf lange Sicht teilen kannst. So gut, dass du schon bald an einige Aufgaben gar nicht mehr zu denken brauchst. Das klappt vor allem dann, wenn du ihm genau verdeutlichst, wie viel Zeit es kostet, immer an alles denken zu müssen. Schreibe dir dafür am besten eine Liste mit allen »deinen« Aufgaben, welche ihr anschließend gemeinsam unter euch aufteilen könnt. So erhält auch dein Partner im Familienalltag einige feste Tätigkeiten rund um Kind und Haushalt, um die er sich zu kümmern hat. Vollständig und ohne, dass du ihn noch daran zu erinnern brauchst.

Du weißt jetzt, dass dein Körper auf die Erschöpfung deines Kopfes reagiert. Auf den ständigen Druck aus der Außenwelt, die veralteten Mutter-Vater-Rollen und deinen eigenen Perfektionismus. Noch besser ist aber die Erkenntnis, dass du diesen nicht gerecht zu werden brauchst. Ansprüche an sich selbst sind nämlich in erster Linie eines: viel zu hoch.

Durch realistische Ziele bleibst du länger motiviert bei der Sache und vielleicht fängt dann sogar der stinknormale Alltag an, dir Spaß zu machen. Eines ist dabei allerdings fehl am Platz und das ist dein schlechtes Gewissen. Dieses wird sich gerade am Anfang immer mal wieder einschleichen, ist aber zugleich auch ein guter Indikator. So kannst du nämlich gezielt herausfinden, wo du noch an dir selbst arbeiten kannst. Ständiges Reflektieren ist das A und O. Ob es sich dabei nun um dich selbst, deine Beziehung oder die gemeinsame Arbeitsteilung handelt, spielt keine Rolle. Nur mit einem ständigen Blick in die Vergangenheit wirst du erkennen, was sich noch ändern muss. Doch nicht nur das – du merkst auch, wie weit du eigentlich schon gekommen bist. Vielleicht mag sich nicht Tag für Tag ein riesiger Unterschied feststellen lassen, nach einigen Wochen oder Monaten jedoch sicherlich. Und dann darfst – und vor allem solltest – du mächtig stolz auf dich sein.

Genau jetzt ist der Zeitpunkt für ein bisschen Selfcare. Nimm dir bewusst die Zeit, die du für dich brauchst. Entspanne dich, gehe alten Hobbys nach und spüre, wie es ist, sich endlich wieder gelassen zu fühlen. Es kann unglaublich helfen, sich einen Tag in der Woche herauszusuchen, an dem man sich gezielt nur Zeit für sich nimmt. Schalte das Handy stumm und versuche, auch deinen Kopf auf stumm zu stellen. So klischeehaft es sich auch anhört: Es ist Zeit, wieder den Moment zu genießen.

Mental Load hin oder her – es gibt auch gute Nachrichten. Du kannst nämlich aktiv etwas dagegen tun.

Lasse deine mentale Last nun Stück für Stück fallen. Sachliche Gespräche mit deinem Partner sind die halbe Miete. Der weitere Teil liegt nur an dir. Deine alten Einstellungen abzustreifen wie eine Echse ihre alte Haut, den Perfektionismus auszuschalten und den Dingen einfach mal ihren Lauf zu lassen. Ganz ohne schlechtes Gewissen und ganz ohne Vorwürfe an dich selbst. Du bist auch dann noch eine tolle Mama, wenn nicht rund um die Uhr alles einwandfrei läuft. Wahrscheinlich bist du dann sogar eine noch tollere Mama, weil du wieder ein wenig mehr zu dir selbst findest und mehr Zeit für die wirklich wichtigen Dinge hast.

Es ist gar nicht schlimm, wenn du anfangs Probleme dabei hast. Ein Mindset ändert sich nun mal nicht vom einen auf den anderen Tag. Jeder Tag bietet eine neue Chance. Eigentlich sogar jede Stunde, jede Minute, ja sogar jeder einzelne Moment. Wichtig ist nur, dass du überhaupt anfängst. Dann hast du die Chance, endlich irgendwann aus deinen Gedankenkreiseln auszubrechen. Du wirst nicht mehr schon sofort nach dem Aufstehen das Gefühl haben, du müsstest dich wieder hinlegen. Dein Kopf kann endlich abschalten und dir die Erholung geben, die du wahrscheinlich bitter nötig hast. Wenn es dir wie mir geht, wird deine Lebensqualität sich erheblich verbessern und du findest wieder Spaß an den kleinen Dingen.

Familienarbeit ist eben Familiensache, da hängst nicht nur du alleine drin. Danach sollte es sich auch nie anfühlen. Und wenn dann doch mal wieder der Wecker um 6:45 Uhr klingelt, das Kind, der Hund und die unaufgeräumte Wohnung gleichzeitig deine Aufmerksamkeit einfordern und du im Kopf schon 10 Schritte weiter bist, atme tief durch und denke daran: Du bist nicht alleine. Heute ist eine neue Chance, an dir zu arbeiten – und Stress und Überforderung ein für alle Mal aus deinem Familienalltag zu verbannen. Werde einfach herrlich unperfekt!

Hat dir das Buch gefallen?

Ich möchte mich ganz herzlich dafür bedanken, dass du mein Buch bis zu dieser Stelle gelesen hast. Wenn es dir gefallen hat, würde ich mich sehr freuen, wenn du ihm bei dem Online-Shop eine Bewertung gibst, bei dem du bestellt hast. Oder du schreibst bei einem deiner Lieblings-Buchportale eine Rezension.

Ich freue mich nicht nur sehr darüber, Meinungen zu meinem Buch zu lesen, es hilft mir auch dabei, weitere Ratgeber zu schreiben und neue Leser für meine Bücher zu finden.

Vielen Dank für deine Unterstützung!

Alles Liebe und bleibe herrlich unperfekt,

Deine Sophie

KAMPENWAND
VERLAG

Anmerkungen

Was ist Mental Load

1. US-Studie der amerikanischen Saftmarke Welch's; https://www.elle.de/mutter-sein-ist-wie-zweieinhalb-vollzeit-jobs

Raus aus der Frust-Falle

2. § 1619 Bürgerliches Gesetzbuch (BGB) - Familienrecht; https://www.buergerliches-gesetzbuch.info/bgb/1619.html

Weg von klassischen Vater- & Muterrollen

3. »Gewaltfreie Kommunikation« nach Marshall Rosenberg; https://www.gfk-info.de/was-ist-gewaltfreie-kommunikation/

Literaturverzeichnis

Charoline Bauer: Mamas Mental Load: Immer an alles denken. In: familie.de, 08. Februar 2020, https://www.familie.de/familienleben/eltern/mental-load-immer-an-alles-denken/

Elisabeth Bärnthaler: Mental Load: Diese 5 Strategien helfen Frauen! In: Active Beauty. Das Onlinemagazin von dm, 06. März 2020, https://www.activebeauty.at/bewusst-machen/coach/mental-load-frauen-strategien

Mona Therani: Laut neuer Studien: Mutter zu sein, ist so anstrengend wie zweieinhalb Fulltime-Jobs. In: Elle, 20. März 2018, https://www.elle.de/mutter-sein-ist-wie-zweieinhalb-vollzeit-jobs

Mental Load – die unsichtbare Denkarbeit der Frauen. In: Mobil-e. Das e-Magazin der BKK Mobil Oil, Januar 2020, https://www.bkk-mobil-oil.de/magazin/01-2020/mental-load.html

Emma: You should've asked. In: Emma. Politics, things that make you think, and recreational breaks, 20. Mai 2017 (englisch), https://english.emmaclit.com/2017/05/20/you-should-ve-asked/

Simone Schlosser: Mental Load. Wie gerechte Arbeitsteilung in der Familie gelingen kann. In: Deutschlandfunk Kultur, 02. März 2020, https://www.deutschlandfunkkultur.de/mental-load-wie-gerechte-arbeitsteilung-in-der-familie.976.de.html?dram:article_id =471456

Anne Schüssler: Wie ich lernte, nicht mehr immer selber einzukaufen. In: anneschuessler.com, 20 Juni 2017, https://anneschuessler.com/2017/06/20/wie-ich-lernte-nicht-mehr-immer-selber-einzukaufen/

Andrea Jansen: Die perfekte Mutter – sie muss weg. In: mal ehrlich. by anyworkingmom, 01. September 2018, https://www.anyworkingmom.com/die-perfekte-mutter-sie-muss-weg/

Anna Eube: Überlastete Frauen. Mit „Du hättest mich nur fragen müssen" betreten Männer ein Minenfeld. In: Die Welt. Axel Springer SE, 04. Februar 2019, https://www.welt.de/icon/iconista/article187903992/Mental-Load-Wenn-Muetter-und-Frauen-sich-ueberlastet-fuehlen.html

Thorsten Wilms: Richtig streiten, so lösen Sie Konflikte in Beziehungen. In: Lifta. Der Blog für Silversurfer, 09. März 2018, https://www.lifta.de/blog/aktiv-bleiben/konfliktloesung-in-beziehungen.html

Michael Höfling: Faule Väter – sind die Frauen selbst schuld? In: Die Welt. Axel Springer SE, 02. Mai 2017, https://www.welt.de/wirtschaft/article164181738/Faule-Vaeter-sind-die-Frauen-selbst-schuld.html

Nicole Lindner: Perfektionismus: Nicht ganz perfekt ist perfekt genug! In: Mein Weg - dein Weg, https://www.meinweg-deinweg.de/blog/item/nicht-ganz-perfekt-ist-perfekt-genug.html

Julia Kirchner: Wie notorische Ja-Sager das Nein sagen lernen. In: Die Welt. Axel Springer SE, 21. September 2011, https://www.welt.de/gesundheit/psychologie/article13617499/ Wie-notorische-Ja-Sager-das-Nein-sagen-lernen.html

Silke R. Plagge: Der ewige Mutti-Wettstreit. In: liliput-lounge. gemeinsam groß werden, https://www.liliput-lounge.de/themen/mutti-wettstreit/

hey-sister.de: Alleinerziehend, gestresst und dann kommt auch noch Instamom! In: HEY SISTER!, 08. September 2018, https://hey-sister.de/alleinerziehend-gestresst-und-dann-kommt-auch-noch-instamom

Katharina G.: Darum müssen Kinder im Haushalt helfen. In: sofatutor-Magazin Eltern, https://magazin.sofatutor.com/eltern/darum-muessen-kinder-im-haushalt-helfen/

lecturio.de: 5 Tipps, wie Sie besser mit Kritik umgehen können. In: Das Lecturio Magazin, 03. Juni 2019, https://www.lecturio.de/magazin/tipps-kritik/

Sabine Zasche: Auf das Wesentliche konzentrieren: Fokus auf die wichtigen Dinge lenken. In: raum-für-bewusstsein.de, https://raum-fuer-bewusstsein.de/wesentliche-konzentrieren/

focus.de: Perfekte Kinder, tolle Ehe, Turbo-Karriere - Wie Eltern sich selbst unter Druck setzen. In: FOCUS online, 12. Januar 2015, https://www.focus.de/familie/erziehung/familie/grosse-studie-top-karriere-perfekte-kinder-tolle-ehe-wie-eltern-sich-selbst-unter-druck-setzen_id_4398192.html

dasnuf, Patricia Cammarata: Mental Load: Aufgaben wirklich gleichberechtigt teilen. In: Das Nuf Advanced, 25. August 2018, https://dasnuf.de/aufgaben-wirklich-gleichberechtigt-teilen/

ZITTY: Haushaltstipps für die ganze Familie: Weniger Stress dank Delegieren. In: ZITTY – Das Stadtmagazin für Berlin, 29. September 2017, https://www.zitty.de/haushaltstipps-fuer-die-ganze-familie-weniger-stress-dank-delegieren/

Julia Liedtke: Haushalt organisieren: So gelingt gerechte Aufteilung wirklich. In: lekker. Wir laden Leben auf, 13. April 2020, https://www.lekker.de/energieladen/haushalt-organisieren-so-gelingt-die-gerechte-aufteilung-wirklich/

Sonja Schneider Blümchen: Nein sagen lernen – ohne Angst. In: emotion. INSPIRING NETWORK GmbH & Co. KG, 18. März 2019, https://www.emotion.de/psychologie-partnerschaft/persoenlichkeit /nein-sagen-lernen

Stefanie Jakob: Achtsamkeit: Von der Schwierigkeit, im Hier und Jetzt zu sein. In: utopia.de, 20. März 2020, https://utopia .de/ratgeber/achtsamkeit-lernen-mbsr-achtsamkeitsuebungen-achtsamkeitstraining-achtsamkeitsmeditation-hier-und-jetzt/

Dipl.-Pädagogin Maren Sörensen: Fehlende Wertschätzung in der Partnerschaft? So geht's besser! In: raumfuereuch.com, 19. April 2019, https://raumfuereuch.com/blog/beziehung-retten/fehlende-wertschaetzung-in-der-partnerschaft/

Julia Peirano: Mein Mann hilft mir nicht im Haushalt. In: stern .de, 26. April 2016, https://www.stern.de/familie/beziehung/julia-peirano/mein-mann-hilft-mir-nicht-im-haushalt---was-kann-ich-tun--6813740.html

Edith Sauerbier: Was ist Gewaltfreie Kommunikation (GFK)? In: Infoportal GFK, https://www.gfk-info.de/was-ist-gewaltfreie-kommunikation/

landsiedel-seminare.de: Gewaltfreie Kommunikation (GFK) nach Marshall B. Rosenberg. In: landsiedel-seminare.de, https://www.landsiedel-seminare.de/gewaltfreie-kommunikation.html

Tim Wiese: Wer Wut unterdrückt, kann depressiv werden. In: Deutschlandfunk Kultur, 19. Dezember 2019, https://www.deutschlandfunkkultur.de/emotionsforschung-wer-wut-unterdrueckt-kann-depressiv-werden.976.de.html?dram: article_id=466223

Louisa Eberhard: Der richtige Umgang mit Fehlern: 5 Tipps für eine positive Fehlerkultur. In: scoyo Eltern! Magazin, https://www-de.scoyo.com/eltern/lernen/lerntipps-lernmotivation/der-richtige-umgang-mit-fehlern

Mini-Yogis

Nackte Füsse, Sommer, Strand und Sonnengrüsse:

Yoga für Kinder

Mini-Yogis von Angela Reik, Carolin Kemeter und Evelyn Pschak von Rebay

ISBN: 978-3-94773-852-6

Mehr Informationen unter www.kampenwand-verlag.de